Léon de Poncins

ISRAËL
DESTRUCTEUR D'EMPIRES

AUGMENTÉ DE 9 ILLUSTRATIONS DE RALPH SOUPAULT

Un document prophétique de 1899

Léon de Poncins

ISRAËL
DESTRUCTEUR D'EMPIRES

AUGMENTÉ DE 9 ILLUSTRATIONS DE RALPH SOUPAULT

Un document prophétique de 1899

the Savoisien & Baglis

Copyright Vingt-six Juin 1943

37ᵉ édition

PARIS

ÉDITION DE LA LÉGION FRANÇAISE DES COMBATTANTS
ET DES VOLONTAIRES DE LA RÉVOLUTION NATIONALE

sur les presses de l'imprimerie Clerc (s.a.r.l.)
Saint-Amand-Montrond (Cher)

N° d'autorisation N° 10.292
Visa de censure N° 2.758

ÉDITION ORIGINALE NON CENSURÉE

Première édition numérique Trente-et-un Juillet 2006

the Savoisien & Lenculus

Exegi monumentum ære perennius
Un Serviteur Inutile, parmi les autres

Scan, OCR, Correction
Lenculus
Mise en page
28 Février 2020
Baglis
Pour la Librairie Excommuniée Numérique des CUrieux de Lire les USuels

OUVRAGES DU MÊME AUTEUR

Éditions Bossard, Paris.

Les forces secrètes de la révolution, 1928.
La franc-maçonnerie, puissance occulte, 1932.
Les juifs maîtres du monde, 1932.

Éditions de la Revue française, Paris

Refusé par la presse, 1931.

Éditions Beauchesne, 117, rue de Rennes, Paris.

Tempête sur le monde, 1934.
La Franc-Maçonnerie d'après ses documents secrets, 1934.
Le Portugal renaît, 1939.
S. D. N., super-état maçonnique, 1936
La mystérieuse internationale juive, 1938.
La guerre occulte (en collaboration avec Malynski), 1936.
Histoire secrète de la révolution espagnole, 1937.
La Franc-Maçonnerie contre la France, 1941.
L'énigme communiste, 1942.

Éditions du Mercure de France, 26, rue de Condé, Paris

Le plan communiste d'insurrection armée, 1939.
Israël, destructeur d'empires, 1942.
Les forces occultes dans le monde moderne, 1943.

Des traductions de ces différents ouvrages ont été faites, avant guerre, en Allemagne, en Angleterre, au Brésil, en Bulgarie, en, Espagne, en Hongrie, en Italie et au Portugal.

PRÉFACE

DE LÉON DE PONCINS

*E*N 1899 parut un livre étonnant, resté cependant jusqu'ici inconnu : L'Autriche juive, de F. Trocase, ouvrage de format in-8° raisin édité chez A. Pierret, 37, rue Étienne Marcel ; Paris.

Ce livre dont l'intérêt croit avec le recul des ans, est marqué d'un caractère tellement prophétique qu'on serait tenté d'apparenter son auteur aux grands visionnaires de l'histoire, si le terme n'était pas foncièrement inexact.

Quand on parle de visionnaire, on s'imagine un être plongé en extase et prévoyant l'avenir par la seule force d'une intuition surnaturelle. Tel n'est certes pas le cas de Trocase, bien au contraire : c'est un observateur lucide et froid, mais clairvoyant, terriblement clairvoyant.

Il examine en 1899 la situation intérieure de l'Autriche et ses répercussions sur la politique internationale ainsi que sur l'avenir de l'Europe. En termes calmes, mesurés, mais d'une rigueur implacable, il nous dépeint sa décomposition intérieure par la lente infiltration du judaïsme.

Comme pourrait le faire un clinicien, il diagnostique la maladie et montre l'infection gagnant progressivement tous les rouages intérieurs du pays. Par sa clarté, sa précision et son absence de passion, cette description est hallucinante : Nous voyons le virus juif proliférer sous nos yeux, s'infiltrer partout, corrompre et finalement détruire un empire au passé de grandeur sept fois séculaire. Solennel avertissement jeté à l'Occident contre la vieille corruption juive, trois fois millénaire, mais partout identique, partout présente, partout redoutable.

C'est bien d'ailleurs à titre d'avertissement pour la France que Trocase avait conçu soit ouvrage... Passons !

Telle est donc la première partie de l'œuvre de Trocase ; il observe, il constate, il décrit, Mais ce n'est pas tout, ce n'est même pas le principal ; Partout des constatations qu'il expose, Trocase prévoit ce qui arrivera non seulement en Autriche, mais en Europe et plus particulièrement en France. Du coup, nous nous élevons au drame historique : Mieux que n'importe quel militaire, diplomate ou politicien de carrière, ce Français obscur a tout vu, tout prévu, tout annoncé, rien ne lui a échappé et pas une fois il ne s'est trompé. À quarante années de distance, son œuvre apparaît comme une des plus étonnantes prophéties qu'ait jamais recelé vieux grimoire des temps jadis.

Trocase annonce comme inéluctable l'agonie prochaine de l'Empire austro-hongrois, il prévoit que François-Joseph Sera le dernier des Habsbourg, il annonce l'échec de la ruée juive sur l'Allemagne et par contre-coup la vague antisémite du troisième Reich il décrit à l'avance le racisme nation liste hitlérien, il nous parle de l'Anschluss comme pourrait le faire un témoin de 1938, il prédit le bolchevisme judéo-russe et sa sinistre terreur rouge ; il s'inquiète pour la France et pose cette angoissante question :

Après l'Autriche, sera-ce la France qui apparaîtra comme la victime désignée des maximes rabbiniques ? comme la victime désignée des maximes rabbiniques ? Est-ce l'histoire de notre belle France qui s'est inscrite en lettres de feu dans les annales de la Monarchie des Habsbourg ?

PRÉFACE

Mais nous n'en finitions pas d'énumérer tout ce que Trocase a prévu. Rarement, en effet, écrivain au monde a vu ses prédictions aussi totalement réalisées. L'Autriche Juive, mérite de ce fait une notoriété équivalente à celle des mystérieux protocoles sur lesquels il a l'avantage d'une authenticité qui ne souffre aucune discussion.

Tous ceux qu'inquiète à juste titre le péril Juif devraient connaître cet ouvrage, l'apprendre par cœur, s'en imprégner ligne à ligne car les « Grandes Démocraties occidentales » suivent trait pour trait le chemin qui a mené l'Autriche au tombeau, et la France au désastre de 1940.

Son auteur est resté parfaitement obscur, comme cela arrive habituellement à ceux qu'Israël ne voit pas d'un œil favorable, et, malgré nos recherches, nous ne savons de lui que ce que nous en disent ces quelques lignes de la préface :

Nos lecteurs se demanderont comment un publiciste français a su pénétrer ainsi au fond des choses et se rendre un compte rigoureusement exact de ce qui se passe en pays étranger. L'explication en est bien simple. L'auteur de ce livre est né de parents français dans la capitale de l'Autriche. Il y a exercé pendant vingt-deux ans la profession de journaliste, défendant avec énergie les intérêts de son pays dans la presse, après avoir occupé une chaire de professeur dans un collège de Vienne. Il a été ainsi tout naturellement initié à tous les détails de l'existence politique, économique et sociale de l'empire des Habsbourg. Il a vu de près les hommes et les choses et a été en mesure, en sa qualité de Français, de les juger avec une entière impartialité.

L'imprimeur Paul Dupont, chez qui nous avons poussé nos investigations, existe toujours à la même adresse, 4, rue du Boulot, à Paris, mais ayant composé ce livre pour un éditeur aujourd'hui disparu, il n'a pu nous donner aucun renseignement sur la personnalité de F. Trocase.

Peu importe, après tout, car le texte parle de lui-même. Nous allons en reproduire les pages essentielles, nous contentant de faire ressortir en caractères gras les passages les plus frappants et d'y ajouter quelques notes comparant le passé d'alors à l'actualité d'aujourd'hui.

Rappelons-nous que ce livre a été écrit il y a quarante ans, et, à la lueur des catastrophes historiques annoncées par ce prophète, écoutons maintenant parler Trocase.

L. de P.

Les textes de Trocase sont en romain ; ceux de Léon de Poncins, notes et commentaires sont en italiques.

L'AUTRICHE JUIVE

L'AUTRICHE JUIVE

AVANT-PROPOS

L'heure approche où résonnera lugubrement, au milieu de l'attention anxieuse des peuples et des gouvernements, le glas funèbre qui sonnera l'agonie de l'empire Austro-hongrois. Qui ne comprend qu'il se produira alors, au centre de notre continent, une lutte acharnée entre les puissances qui se croiront appelées à recueillir les dépouilles de ce vieil empire pour accroître leur propre domination ? **Si, à l'heure décisive, la France, au lieu de concentrer ses forces comme il convient, tourne distraitement ses regards d'un autre côté, cette minute d'oubli pourrait lui coûter cher.** Son avenir, son rôle en Europe, ses destinées en un mot, peuvent dépendre de l'attitude qu'elle prendra le jour où s'achèvera l'évolution, en cours d'accomplissement, des populations austro-hongroises. Question d'équilibre européen, question d'influence politique, question d'intérêts matériels : tout concourt pour lui démontrer l'importance qu'ont pour elle les problèmes irritants qui se débattent actuellement sur les bords du Danube.

Ceux qui seraient tentés de croire que nous exagérons n'ont qu'à voir avec quel soin minutieux l'Allemagne, l'Italie et la Russie observent les commotions politiques de l'Autriche-

Hongrie et se renseignent sur les moindres faits et gestes susceptibles de dicter leur conduite.

Ainsi conçue, la tâche que nous avons entreprise est, à proprement parler, celle-ci : faire connaître le vérité tout entière sur l'Autriche, la montrer telle qu'elle est, et mettre l'opinion publique française en mesure d'apprécier la gravité de la situation pour l'Europe en général, pour la France en particulier.

Profondément convaincu qu'en agissant ainsi nous remplissons un devoir impérieux, nous n'avons eu d'autre souci que de dire la vérité tout entière, sans demander conseil à personne, sans nous préoccuper de ce qu'on en pourra penser.

LES DESTINÉES D'UN EMPIRE

*I*L n'est rien dans cette fin de siècle pourtant si remplie d'événements, qui soit plus profondément triste, mais en même temps plus digne d'attirer l'attention, que la lente agonie de l'empire austro-hongrois, qui meurt de l'impuissance de vivre après avoir, pendant plusieurs siècles, rempli le monde du bruit de sa grandeur et de sa renommée. Comment se défendre d'une vive et profonde émotion, lorsqu'on se reporte par la pensée au rôle dominant qu'a joué en Europe la monarchie fondée en 1283 par Rodolphe de Habsbourg, .et que l'on considère l'état de désarroi au milieu duquel elle en est réduite à se débattre aujourd'hui ? Qu'est-il advenu des splendeurs d'autrefois ? Quel contraste avec l'époque glorieuse où se trouvaient réunies sur la tête d'un seul homme les couronnes d'Autriche-Allemagne, des Pays-Bas, d'Espagne et de Naples.

Ce qu'avaient déjà commencé les guerres d'Italie, la bataille, de Sadowa l'a achevé. L'Autriche, exclue de la Confédération germanique, n'est plus aujourd'hui qu'une vaste agglomération de peuples qui se montrent aussi désolés les uns que les autres d'être accouplés, et dont les luttes incessantes ébranlent chaque jour un peu plus les bases de l'État polynôme.

L'ardeur avec laquelle se manifestent et s'affirment les grands courants populaires fait d'autant plus ressortir l'impuissance du Gouvernement à les dominer. Une seule race, la nation juive, profite de ces divisions irréconciliables, pour accomplir un véritable travail de taupe qui finira, si l'on n'y prend garde, par jeter bas l'ordre social tout entier.

Dans cette Monarchie qui succombe sous le poids des siècles, ce qui frappe surtout les imaginations au dedans comme au dehors, c'est le tumulte parlementaire.

Comment veut-on gouverner par le système parlementaire des groupes de populations aussi diverses, des races si distinctes, si peu en harmonie les unes des autres, sans qu'il se produise des tiraillements de cette nature ?

Les luttes n'auraient pas cette âpreté, les partis en présence ne mettraient pas cette passion à s'entre-déchirer si les hommes politiques de l'Europe entière, n'avaient proclamé, à tour de rôle, comme un dogme indiscutable, le principe des nationalités.

Dans ces luttes d'intérêts contradictoires, le plus souvent incompatibles, que deviennent les destinées de l'Empire ? Qui donc y songe ? Et comment ne pas se demander avec angoisse si les choses peuvent longtemps continuer de la sorte

Les choses en arrivent au point que le régime parlementaire a paru à certaines heures vouloir se suicider avec éclat, et que l'on s'est demandé si l'empereur François-Joseph n'en serait pas réduit à faire dans ses vieux jours un véritable coup d'État pour mettre fin à des scandales incessamment renouvelés.

Peu à peu, tous les rouages gouvernementaux s'usent et s'affaiblissent dans la malheureuse Autriche. Le principe d'autorité, base essentielle de tout État bien organisé, semble détruit. La haute trahison s'étale publiquement avec une sorte d'orgueil ; Les appels à la domination de l'étranger retentissent publiquement sans être réprimés. La désagrégation est partout ; les éléments les plus divers, fatigués sans nul doute d'être juxtaposés, tendent à se séparer les uns des autres, On est à ne plus savoir, en Autriche, en quoi consiste le patriotisme. Celui des Allemands les pousse vers l'Empire Germanique ; celui des Tchèques les pousse vers l'autonomie nationale et les autres s'agitent vers l'inconnu. Le sentiment profond de la patrie qui fait tout braver pour la servir n'existe plus que comme un souvenir d'autrefois.

MOLOCH

— Encore ! Encore !

(Dessin de Ralph Soupault)

LA DYNASTIE

*A*u milieu des flots qui l'entraînent à la dérive sur une mer orageuse, le navire qui porte la fortune de l'Autriche a-t-il du moins cette ressource suprême d'apercevoir un phare dont les clartés puissent lui indiquer de loin la direction du port ? A-t-il encore la force de manœuvrer, avec l'habileté nécessaire, vers un point du rivage où il pourrait trouver le salut ? Au premier abord on serait tenté de le croire, en apercevant, debout sur la grève, l'auguste personnalité de l'empereur, qui, faisant noble abstraction de ses douleurs intimes et de ses deuils réitérés, veille avec un dévouement infatigable sur les destinées de l'Empire. C'est là, en effet, l'espérance dernière de beaucoup d'esprits attristés qui, voyant le navire prêt à sombrer sur les écueils, se rattachent désespérément à cette lueur, brillante encore dans la nuit. Dans quelle mesure cette espérance est-elle fondée ?

François-Joseph 1ᵉʳ apparut dès le début de son règne comme il apparaît encore aujourd'hui, l'arbitre suprême entre les partis et les nationalités, le trait d'union entre les groupes prêts à en venir aux mains, le chef commun et respecté qui seul pouvait apaiser les conflits par sa bienveillante intervention. Rendons un éclatant hommage à la vérité, reconnue d'ailleurs par tous les hommes de bonne foi. François-Joseph a rempli avec la conscience la plus absolue, avec la bonne volonté la plus entière, avec le zèle le plus infatigable, ce rôle d'arbitre et de conciliateur. Loin d'opposer des obstacles aux efforts des nationalités non allemandes, il s'est montré constamment préoccupé d'une seule chose, à savoir de faire triompher partout, et dans toute circonstance, le droit et la justice. Protecteur de tous ses sujets sans distinction, il a manifesté envers et contre tous la volonté de faire respecter la stricte légalité.

Cette noble conduite a été comprise et appréciée Comme elle méritait de l'être. L'empereur a conquis ainsi une popularité que nul revers n'a pu entamer.

S'il était le premier de sa race au lieu d'en être probablement le dernier, l'empereur François-Joseph, entouré comme il l'est si légitimement des sympathies universelles, pourrait rallier autour de lui les éléments qui tendent aujourd'hui à se désagréger. Il rendrait à la Monarchie l'unité nécessaire et lui donnerait la force de remonter le courant. Mais jamais la fatalité ne s'est acharnée sur un Empire, sur une famille souveraine, sur le représentant d'une dynastie avec une sorte de fureur aussi continue, aussi mystérieuse dans sa source et dans ses résultats. Les drames les plus effroyables de la Némésis antique n'ont rien offert de comparable à cette succession ininterrompue de deuils et de catastrophes. Ce n'est pas seulement comme chef d'État, c'est comme père, comme époux, comme frère, comme homme en un mot, non moins que comme souverain, que l'empereur François-Joseph a été frappé par des douleurs sans nom. L'invisible main de la destinée avait tracé au fronton du burg impérial ces mots fatidiques que nous a transmis la tradition antique : *Mané, Tecel, Pharès.*

Quoi qu'il en soit, la personnalité respectée de François-Joseph donne seule aujourd'hui aux peuples austro-hongrois une apparence de cohésion. Que le monarque vienne à disparaître, et l'esprit particulariste des diverses nationalités se fera un jour sans doute avec violence telle qu'il sera extrêmement difficile de les maintenir groupées sous le sceptre impérial. François-Joseph parvient encore à maintenir unis ces éléments disparates, par suite du grand courant d'affection respectueuse qui l'entoure. **Mais, lui disparu, la désagrégation de l'empire se fera à grands pas. La poussée nationaliste envahira tout,** laissant derrière le rideau apercevoir clairement le but anti-dynastique que poursuivent les meneurs des partis nationalistes intransigeants.

— Vas-y ! Tue ! Tue ! n'aie pas peur !...
et d'ailleurs, nous autres, qu'est-ce qu'on risque ?

(Dessin de Ralph Soupault)

L'AGONIE

On avait pu croire un moment que la haute aristocratie autrichienne, encore si puissante aujourd'hui, en possession comme elle l'est toujours de riches domaines et d'une grande influence sur tout ce qui l'entoure, aurait la force de défendre le trône et de protéger l'État contre l'assaut des masses populaires. On avait pensé que cette vieille noblesse séculaire, habituée pendant si longtemps à regarder le gouvernement de l'État comme son affaire personnelle et son privilège exclusif, saurait se souvenir que ses intérêts les plus immédiats lui commandaient une conduite énergique. Par malheur, ceux qui raisonnaient de la sorte oubliaient que la noblesse elle-même avait à se défendre. C'est contre elle, en effet, contre son organisation féodale, contre sa situation dans l'État que sont dirigées les attaques des novateurs. Au lieu de pouvoir protéger le trône, l'aristocratie autrichienne aurait besoin d'être elle-même protégée.

On avait espéré que le développement de l'activité sociale serait un des titres essentiels que l'État aurait conquis à la reconnaissance des populations. Quand le peuple en effet a vu **les Juifs accaparer à leur profit exclusif le produit de son travail et de ses efforts, il a senti gronder en lui des ferments** de révolte ; et ses appétits surexcités son devenus menaçants pour toutes les classes possédantes.

On a vainement essayé de l'apaiser en faisant appel aux sentiments religieux. De même que l'Empire russe a pris l'orthodoxie pour base de sa politique, de même que l'Allemagne s'appuie sur les doctrines protestantes, on a pensé que l'Autriche catholique pourrait trouver dans le catholicisme un facteur puissant pour sa politique intérieure, voire même pour sa politique étrangère. C'eût été peut-être bien raisonnable, si l'on s'y était pris plus tôt ; mais lorsqu'on y a songé, il était trop tard. **L'esprit franc-maçonnique avait miné le terrain sur lequel aurait pu renaître la force morale. En proie désormais aux influences délétères du judaïsme et de la Franc-maçonnerie, agissant de concert, la malheureuse Autriche est condamnée à dépérir à moins d'un véritable miracle.**

Si l'on substitue au mot « Autriche » le mot « France », ces dernières lignes ne sont-elles pas un tragique objet de méditation pour les Français ?

À l'heure qu'il est, la Providence seule, par une de ses mystérieuses interventions qui tiennent du prodige, pourrait sauver l'Empire danubien. Humainement parlant, il est à l'agonie, et l'œuvre de mort fait d'effrayants progrès.

De graves événements se préparent ; et c'est encore une consolation de penser que cette crise redoutable a été amenée, moins par les erreurs et les fautes des hommes, que par un ensemble de fatalités irrésistibles.

Comme on l'a dit justement, il y a dans notre vieille Europe deux catégories d'États : **les États vivants**, pleins de force et d'énergie, tournant avec confiance leurs yeux vers l'avenir, et **les États mourants**. Les premiers constituent des groupements de citoyens réunis en vertu d'un consentement mutuel, ayant conscience de l'identité de vues et d'intérêts qui forment la base essentielle de leur existence. Chez eux l'unité nationale, dont les aspirations ont soudé les éléments de façon indissoluble, se manifeste dans toute sa splendeur, dans toute sa vérité, La communauté absolue d'idées, l'absence complète de discussions en ce qui concerne l'idéal auquel aspirent tous les citoyens, leur donne une force irrésistible d'attraction vis-à-vis de leurs frères séparés d'eux par une ligne de frontières au-dessus de laquelle ils se tendent la main. En fin de compte ces États vivants, apparaissent au monde ce qu'ils sont réellement, c'est-à-dire pourvus à la fois de forces créatrices à l'intérieur et de forces destructives vis-à-vis du dehors.

À côté d'eux végètent les États mourants qui se débattent perpétuellement contre les incertitudes d'une période de transition dont ils ne parviennent pas à sortir, si ce n'est pour tomber dans une complète désorganisation. À l'inverse des premiers, ils ne connaissent ni le sentiment de l'unité nationale, ni la force d'impulsion qui résulte du parfait accord entre les membres d'une même famille humaine. Ce sont des fractions hétérogènes qui n'ont au fond rien de commun, si ce n'est le contrat qui les lie au même souverain. La respectueuse affection pour la personne de ce souverain parvient à maintenir pendant un certain temps la cohésion entre les morceaux disparates d'un groupement artificiel. Mais ce sont là des facteurs dont le temps finit par avoir raison, il suffit dès lors, à un moment critique, du moindre grincement dans la façon dont fonctionnent les rouages gouvernementaux pour que le mécanisme se détraque de façon irrémédiable. Des convulsions de plus en plus fréquentes se déclarent ; et plus les États moribonds se cramponnent à ce qui leur reste de vie, plus les crises se multiplient et s'aggravent. C'est l'agonie dans tout ce qu'elle a de terrible et de douloureux. Ainsi mourut Tibère, rongé par les vers.

Or, rien ne s'anéantit dans le sens absolu du mot, au sein du vaste univers. Tout se transforme d'après une loi naturelle que le Créateur a établie à l'origine du monde. Quand un État se désagrège, d'autres États, d'autres formations recueillent ses dépouilles. Les nationalités qui souffraient d'être unies vont rejoindre, chacune de leur côté, les États plus jeunes, plus vigoureux, plus vivaces, vers lesquels les attiraient depuis longtemps la loi de l'attraction ; ou bien elles établirent des communautés nouvelles. Sur les ruines du passé se dresse, brillante et radieuse, l'auréole de l'avenir.

C'est l'annonce de l'Anschluss quarante ans avant du réalisation effective.

BREF TOUR D'HORIZON SUR LA SITUATION INTÉRIEURS DE L'AUTRICHE

LA JUSTICE

LE **plus grand malheur qui puisse arriver à un État est sans contredit de voir la justice du pays se mêler à la politique et se mettre en quelque sorte à sa remorque.** Jusqu'en ces derniers temps, la magistrature autrichienne avait une renommée d'intégrité qui la plaçait très haut dans l'estime publique. On était même parfois disposé à la trouver trop clémente dans la répression des crimes et des délits. La première atteinte qu'elle ait portée elle-même à sa réputation l'a été à propos de la condamnation infligée à M. Schœnerer, le chef du parti nationaliste allemand, Pour avoir commis des actes de brutalité vis-à-vis d'adversaires qui l'avaient insulté journellement pendant de longues années, il a été condamné à six mois de prison, à la perte de ses droite civiques et de ses titres de noblesse. On l'avait, en effet, déclaré coupable de voies de fait commises en public.

Le mauvais exemple donné par les Juges en cette affaire n'a pas tardé d'ailleurs à porter ses fruits.

Sous le banal prétexte que tout mouvement oppositionnel doit être réprimé pour cela seul qu'il trouble la sécurité de l'Empire, il est devenu facile de justifier tous les abus de pouvoir, toutes les usurpations et toutes les violences d'une administration démoralisée. L'on peut, au nom de l'ordre dont on se sert si volontiers comme d'un manteau, étendre à l'infini les empiétements de la force contre tout droit et toute justice.

Il s'est cependant rencontré des hommes courageux qui n'ont pas craint de protester hautement contre cette nouvelle orientation de la justice autrichienne. Les antisémites notamment ont élevé la voix contre les agissements regrettables des magistrats israélites, très nombreux en Autriche, surtout dans les tribunaux correctionnels des villes de province. L'opinion s'est émue de leurs accusations ; et la confiance que l'on avait autrefois dans les magistrats a fait place au doute. Or, le doute, c'est déjà le premier pas vers l'absence complète de croyance et de respect ; et rien ne révèle un état de chose mauvais, contraire à la nature et à la logique, comme l'ombre même d'un doute sur la façon dont les juges s'acquittent de leur mission dans un état civilisé. Malheureusement les choses en sont là en Autriche.

Même inquiétude en France où la justice, très intègre avant 1914, passa depuis lors sous le contrôle de directives politiques ou policières. Ainsi la révélation du scandale Stavisky provoqua dans la nation un sursaut d'indignation qui aboutit à la nuit sanglante du 6 février 1934.

BREF TOUR D'HORIZON

LA POLICE D'ÉTAT

En Autriche, il faut soigneusement distinguer entre la police générale, qui est un service organisé dans l'intérêt public, et la police dite secrète, qui est connue sous le nom spécial de Staats-Polizei (Police d'État).

Même distinction en France et mêmes abus. La police judiciaire était honnête, ta Sûreté générale obéissait à des considérations politiciennes et sa principale activité consistait à maintenir au pouvoir, par tous les moyens, un régime judéo-maçonnique qui exerçait une véritable dictature occulte sur le Pays.

Les attributions de la première sont dans tous les pays les mêmes. L'exécution des lois, la protection des citoyens, la sauvegarde des propriétés, la surveillance et la poursuite des malfaiteurs, la sanction matérielle donnée aux arrêts de justice, telles sont les tâches qu'elle a à remplir.

Quant à la police politique, à la police d'État, elle a de tout autres attributions. Son rôle est de sauvegarder l'État, de veiller à la sécurité de son existence, d'assurer le soin de son avenir. On ne saurait contester qu'une pareille tâche lui donne des moyens d'action hors de pair et lui confère une puissance qui, dans la capitale de l'empire, est certainement plus considérable que celle des ministres eux-mêmes. La police d'État agit de façon absolument indépendante. N'étant jamais désavouée, elle suit son propre chemin et n'a ni bornes ni contrôle.

La question est de savoir à quelles mains est confiée la mission de veiller à d'aussi graves intérêts Sans nul doute, la police d'État, à Vienne, compte dans son sein des hommes de haute valeur Intellectuelle, d'une loyauté à toute épreuve, d'une moralité au-dessus de tout soupçon. Dans l'ensemble de ses actes, elle n'a visiblement en vue que les intérêts de la dynastie et ne se laisse guider par aucune autre considération. Mais, par malheur, certains faits qui se sont produits dénotent l'existence de quelques fonctionnaires policiers dont la conduite forme un contraste regrettable avec celle du plus grand nombre de leurs collègues et de leurs chefs. Auprès de ceux-là, Machiavel et César Borgia étaient de, petits saints. C'est uniquement par le régime de la terreur qu'ils entendent empêcher les choses de suivre leur cours ; et lorsque leurs collègues témoignent quelque étonnement en présence de pareils procédés, ils les regardent avec une sorte de commisération. Pour assurer la sécurité de l'État, lorsqu'ils la considèrent comme mise en cause, ou pour des motifs d'intérêts privés, tout leur semble permis ; tous scrupules s'évanouissent, les atrocités les plus incroyables leur apparaissent comme des nécessités qui ne sauraient effrayer à leurs yeux un policier autrichien vraiment digne de ce nom.

L'action souterraine de ces hommes est souvent plus meurtrière qu'un coup de couteau. Elle a une telle puissance que, dans bien des cas, l'on se refuse à croire véridiques et justifiées les plaintes formulées contre elle. On aime mieux croire que celui qui oserait formuler de telles plaintes est atteint de folie. C'est précisément sur cette tendance d'esprit, sur cette prévision, que tablent ces dépositaires de l'autorité ; et ainsi s'explique de façon trop naturelle, la continuité de leurs actes basée sur une longue impunité.

Tel était le cas, en France, de policiers tarés comme condamné de droit commun, dont les scandales furent mis à jour lors du procès Gringoire.

Si, du moins, cette façon d'agir avait pour elle l'excuse du succès, l'État, envisagé comme parti bénéficiaire, pourrait à la rigueur s'en réjouir et prendre le mal en patience. Mais il n'en est rien. L'excès de la répression et surtout le zèle soi-disant préventif employé mal à propos ont exaspéré l'esprit de résistance qui a fini par l'emporter.

Quiconque se permet de faire de l'opposition, si modérée qu'elle soit, au pouvoir, a les mains liées par la terreur lorsqu'il s'agit de se défendre contre des agresseurs qui ont les leurs parfaitement libres et bien armées. Les actes de ces derniers ont un caractère anti-social, diabolique, d'autant plus accusé qu'Ils se savent assurés de l'impunité. Il faudrait, peur les diriger dans une voie digne du but qu'ils ont mission d'atteindre, une volonté énergique, une conscience supérieure capable de diminuer cette agitation anarchique. L'accomplissement strict et honnête du devoir est encore la meilleure de toutes les habiletés.

Nous étions arrivés peu à peu à un état de choses analogue en France, surtout lorsqu'on attaquait les Juifs. Il nous suffira de rappeler ici le fameux décret de Marchandeau qui consacrait l'asservissement de la pensée française à la domination juive.

LE SOCIALISME

En dépit de toutes les causes qui auraient pu les provoquer plus tôt, les agitations socialistes en Autriche ne sont pas de date ancienne. C'est seulement sous le ministère Taaffe, un peu après l'année 1880, qu'elles y ont fait leur apparition. Il est vrai que le socialisme autrichien, brisant du premier coup toutes les digues et mettant de côté toute considération susceptible de le modérer, a immédiatement dégénéré en anarchie et s'est livré à des actes d'une extrême violence.

Il est malheureux, en tous cas, que les masses socialistes aient cédé à des entraînements irréfléchis en abandonnant la conduite de leurs intérêts à l'ambition des Juifs. Avec les meilleures intentions du monde, elles ne se doutent pas du mal qu'elles font à la cause de l'humanité tout en croyant la défendre. Aussi importe-t-il de ne pas confondre les agitateurs juifs avec les vrais socialistes autrichiens. Ceux-ci ne sont nullement des destructeurs aveuglés par la haine ; ce sont pour la plupart des hommes imprégnés de principes humanitaires. Ils ne savent peut-être pas au juste comment ils organiseraient la société nouvelle le jour où ils auraient le pouvoir. Aussi la plupart se rallient aux doctrines centralistes et autoritaires de Karl Marx. Ils confondent volontiers la liberté avec la tutelle du pouvoir central, qu'ils jugent nécessaire, et te raisonnement avec la force. L'abdication de l'individu, qu'ils feraient absorber par l'État, est le dernier mot de leurs théories.

LE SOCIALISME ET LES JUIFS

« Le corps de doctrine économico-politique connu sous le nom de « libéralisme », écrit le célèbre écrivain anglais Wickham Steed, dans son ouvrage classique : La Monarchie des Habsbourg, *fut un grand parti édifié par des écrivains juifs, crypto-juifs ou pro-juifs ; et particulièrement dans les contrées de langue allemande les partis « progressistes » ont été recrutés en grande partie parmi les politiciens juifs et soutenus par des organes juifs. Les champions allemands de l'école de Manchester étaient surtout des Juifs dont l'objet semblait être d'établir une liberté de l'espèce définie par Kürnberger dans un autre ordre d'idées, comme « le Renard libre dans le poulailler libre ». Le socialisme d'État, opposé par Bismarck aux tendances du*

radicalisme allemand et de la démocratie sociale, avait un caractère fortement anti-juif, tout comme le socialisme chrétien de Lueger était antisémite et visait à protéger l'incapacité économique contre les maux les plus éclatants du capitalisme libre dans son entreprise.

« En Allemagne et Autriche-Hongrie, du moins, le socialisme révolutionnaire et la démocratie sociale ont été guidés par des ligueurs juifs et inspirés par la doctrine juive. Karl Marx, un Juif, a écrit le Capital, bible économique du socialisme ; Lassalle, son rival, fondateur avec lui du parti social-démocrate allemand, était aussi un Juif ; des noms juifs comme Singer, Bernstein, Barons, Fischer et Stadt Pozen sont au premier rang dans l'histoire plus récente du socialisme allemand. Et aujourd'hui une forte proportion du parti socialiste au Reichstag allemand est composée de Juifs. En Autriche-Hongrie, l'extension du socialisme a été en grande partie le résultat de la propagande juive. Le Dr. Adler, fondateur et chef du parti autrichien, est un Juif comme la plupart de ses disciples. En Hongrie, le parti fut aussi fondé et inspiré par des Juifs…

« Quelle qu'en soit la cause, et qu'il y en ait une ou plusieurs, l'influence prépondérante des Juifs dans les mouvements socialistes contemporains, comme dans les mouvements libéraux et radicaux des générations antérieures, est un fait trop bien établi pour avoir besoin d'être démontré. »

Wickham Steed :
La Monarchie des Habsbourg.

Suivons maintenant la marche de cette emprise juive telle que nous l'expose Trocase.

C'est après l'élection du Dr. Lueger (chef du Parti antisémite social chrétien) comme maire de Vienne que le socialisme devint en faveur parmi les Juifs effrayés. Tous, dans ta sphère qu'ils occupent, financiers ou docteurs,

publicistes ou entrepreneurs, crurent qu'ils trouveraient là le moyen d'égarer, en semant la division dans ses rangs, le peuple affamé. L'on vit apparaître au premier rang des meneurs socialistes des Juifs dont les talents, comme écrivains ou orateurs, donnaient aux théories du parti une force nouvelle, Le coup a réussi dans une certaine mesure.

Aujourd'hui les agents secondaires des meneurs socialistes autrichiens sont, pour la plupart, passés à la solde des Juifs dont ils sont devenus les mercenaires, Ce que les Juifs n'osent pas faire ou dire eux-mêmes, ils le font dire et faire par leurs alliés, leurs feudataires ; ils n'hésitent pas à révolutionner de plus en plus le pays qui cherche à échapper à leur domination. **La démocratie sociale n'est plus aujourd'hui, en ce qui concerne son personnel dirigeant, qu'une troupe d'entrepreneurs juifs, de spéculateurs qui, par des promesses insensées, des mensonges et des actes de mauvaise foi, parviennent à aveugler une partie du peuple.** La masse abusée n'est plus en état de discerner ce qu'il y a d'odieux dans cette attitude indigne d'hommes libres.

Elle travaille, sans s'en douter, pour le triomphe des oppresseurs.

C'est là toute l'histoire du Front Populaire en France de 1936 à 1938.

Le devoir, pour tout homme de cœur, consiste à montrer au peuple les réalités telles qu'elles sont sans chercher à les dissimuler ni à les embellir. Lui parler de système réformateur que l'on sait pertinemment être impossible, lui dire que les Juifs sont des philanthropes désireux d'assurer le bonheur des autres, exagérer ses droits sans l'entretenir en même temps de ses obligations inéluctables, lui cacher en un mot que, dans l'exercice bien compris de sa liberté, chaque citoyen est lui-même l'arbitre de sa destinée et que l'État ne lui doit pas autre chose que la sécurité et la justice, c'est tout simplement le tromper de la façon la plus odieuse.

C'est à divulguer ces mensonges que nous nous efforçons.

En Autriche, le socialisme est le résultat d'un grand nombre de causes tenant à l'état économique du pays. **Cependant, il n'y a pris un développement si intense et surtout si rapide que parce qu'il a plu à la juiverie, dans un but essentiellement égoïste, de pousser la population aux agitations par tous les moyens en son pouvoir.** La situation actuelle dans la monarchie des Habsbourg, en cette matière, ressemble en vérité à une sanglante ironie. Ce sont les juifs qui ont construit, pierre par pierre, une bonne partie de l'édifice social ; et ce sont eux qui se mettent aujourd'hui à démolir ce qu'ils ont édifié. La seule existence d'une pareille contradiction, d'un pareil démenti donné à un passé encore tout récent, constitue à elle seule la subversion du mouvement socialiste. Aussi périlleuse en politique que monstrueuse en morale, l'intervention judaïque ne peut que devenir une cause de divisions continuelles et retarder toutes améliorations sérieuses. Aussi, de l'avis de bien des personnes réfléchies, les Juifs jouent là un jeu des plus dangereux, pour eux-mêmes aussi bien que pour la société tout entière.

Et ceci nous amène au nœud même du problème tel qu'il se posait en Autriche et tel qu'il se pose aujourd'hui dans le monde entier, particulièrement en France, c'est-à-dire au problème juif.

DU FOND DU CŒUR

— OH ! CHER PÈRE NOËL !
    DONNE-NOUS UNE QUATRIÈME RÉPUBLIQUE !...

(Dessin de Ralph Soupault)

LE PROBLÈME JUIF

Les Juifs n'étaient rien en Autriche avant 1848. Actuellement, ils jouent dans l'empire des Habsbourg un rôle dominant. L'on peut dire, sans exagération aucune, qu'ils en ont fait la conquête. Ce sont les seuls auxquels ait profité la révolution qui a fait couler tant de sang dans les rues de Vienne ; il semble que ce soit pour eux seuls qu'ont été sacrifiées de nobles victimes et qu'ont été proclamés les droits de l'homme.

Avec cette patience et cette merveilleuse habileté qui semble être l'apanage exclusif de leur race, ils ont organisé l'exploitation de l'Autriche, et ont réussi à mettre complètement la main sur la population chrétienne, dont l'insouciance native a singulièrement facilité leur tâche. Cet envahissement absolu d'un empire en cinquante ans est, sans contredit, l'un des faits les plus caractéristiques de l'histoire contemporaine.

Il ne faudrait pas croire, d'ailleurs, que cet envahissement de l'empire, cette mainmise sur la population chrétienne, ait pu s'accomplir sans soulever de véhémentes protestations. Mais des phrases, même éloquentes, ne constituent pas, pour une race aussi entreprenante, un obstacle suffisant.

Trouvant à Vienne et dans les provinces autrichiennes une terre bien préparée, ils l'ont cultivée à leur profit. La révolution, nous venons de le dire, n'a profité qu'à eux seuls. **Il a semblé vraiment que les Viennois, en construisant des barricades et en bravant la mitraille des soldats impériaux, n'avaient en vue que de détruire les digues élevées par la prévoyance du passé contre les flots envahissants de la peste sémitique. Ouvriers et étudiants, massés ensemble pour la lutte, ont tout simplement édifié le pont sur lequel Israël est passé, marchant, la tête haute, à la domination de l'empire. Pour les remercier de leur avoir donné la liberté, le peuple Juif les a conduits au servage.**

Le régime du faut libéralisme, après avoir si longtemps dominé sous l'égide des lois dites constitutionnelles, vient de faire une faillite complète. Succombant sous le poids des fautes accumulées, des hontes et des infamies de toute nature, il est sur le point de céder la place à la dictature, au rétablissement du pouvoir personnel. On dirait vraiment que l'Autriche juive dépose son bilan, que l'indignation des Masses ébranle l'édifice élevé par le mensonge, exactement un demi siècle après la révolution accomplie pour acquérir les libertés parlementaires. Les Autrichiens sont contraints de ré-connaître que le sang versé a été stérile, que dés torrents de larmes ont été versés ad profit des Juifs, mais au grand détriment du pays tout entier. Tel sot l'enseignement inexorable de l'histoire.

Le 26 février 1861, une patente impériale consacra d'une façon définitive l'avènement de ce faut libéralisme qui a dominé depuis plus de trente ans toute l'histoire de l'empire d'Autriche. Le triomphe des Juifs était assuré ; leur action reposait désormais sur des bases légales. Ce triomphe était dû surtout à la naïve illusion des gens de bonne foi qui crurent en toute sincérité voir dans la constitution de 1861 le point de départ d'une ère de progrès, d'égalité et de fraternité.

Au début, il faut le reconnaître, les vainqueurs firent preuve d'une réelle habileté. **Sentant bien que leurs véritables aspirations provoqueraient l'horreur et l'antipathie, ils eurent soin de les dissimuler, de les mettre provisoirement sous le boisseau.** Ils firent, avec une sage prudence, l'usage le plus raisonné, le plus froidement calculé de leurs facultés, de façon à ne pas effrayer les Autrichiens qu'ils avaient entrepris de réduire au servage. Par des considérations humanitaires proclamées bien haut, par des paroles mielleuses, ils endormirent si bien l'attention qu'à l'heure du réveil on fut littéralement stupéfait du chemin qu'ils avaient parcouru.

C'est surtout aux Sémites, astucieux et envahisseurs, qu'est dû l'état de décomposition sociale où se débat aujourd'hui l'Autriche. C'est à leur action, d'autant plus dangereuse qu'elle a été souterraine, qu'il faut reporter l'origine de l'anarchie au milieu de laquelle sombre la vieille monarchie six fois séculaire. Comme le joueur qui cherche à griser son partenaire pour le gagner plus aisément, ou plutôt pour le dépouiller sans vergogne, ils ont hypnotisé les peuples austro-hongrois et leur ont enlevé leurs biens, leurs libertés, leurs droits, leur honneur. Aujourd'hui encore, ils ne se tiennent pas pour satisfaits. Ce qui reste encore debout d'institutions vraiment humanitaires gêne leur action démoralisante, leur œuvre de destruction. Ils s'efforcent de les saper par la base et d'accumuler à leur place des ruines où le laboureur pourra passer sa charrue. Toute autorité doit être anéantie pour qu'ils puissent triompher à l'aise ; ils s'acharnent à détruire tous les éléments de résistance ou de vitalité qui permettraient aux Autrichiens de se défendre.

Aucun obstacle ne les décourage ; ils conservent à travers le monde, à travers les siècles, l'unité de leur race. Le Talmud leur a donné une organisation puissante à laquelle le progrès moderne n'a rien pu changer. **La haine profonde,** indéracinable, de tout ce qui n'est pas juif, les anime dans le combat, pour pouvoir lutter avec l'énergie nécessaire.

Le Judaïsme, invariable sous le rapport de la race, de la nationalité, s'est en partie transformé de nos jours au point de vue des croyances. Les doctrines mosaïques ont fait place au rabbinisme et nombre de Juifs habitant les grandes villes ont passé du rabbinisme au nihilisme. Les Juifs prétendus réformés professent l'athéisme le plus absolu, la libre pensée ou plutôt la négation la plus complète de toute confession religieuse. Le dernier mot de leurs théories est le matérialisme, qui se manifeste dans la capitale de d'Autriche avec une audace Moule, avec une absence en quelque sorte inconsciente de toute retenue et de toute pudeur.

Et c'est en dépassant toutes les bornes du possible que les Juifs ont eux-mêmes provoqué en Autriche la réaction antisémite. **Ce sont eux qui, par leurs propres excès, y ont créé la question juive.**

Au point où en sont les choses, cette question à laquelle personne ne pensait il y a trente ans, prime aujourd'hui toutes les autres. Elle domine les manifestations populaires ou sociales.

L'aversion des peuples autrichiens contre les Sémites ne provient pas, quoi qu'on puisse en dire, d'influences cléricales. **C'est une haine de race, engendrée par tout ce qui peut créer dés dissentiments entre les hommes : une origine toute différente, un sang tout autre, des mœurs et des coutumes absolument dissemblables. Les haines se sont réveillées avec une ardeur dont l'Occident ne saurait se faire idée.**

LA CONQUÊTE
DE L'AUTRICHE PAR LES JUIFS

Comment la catholique Autriche a-t-elle pu à ce point subir le joug israélite ? Comment cette population, habituée à respecter le trône, la religion et les lois s'est-elle laissée dominer par les fauteurs des idées révolutionnaires, de l'athéisme et du niveau égalitaire ? Les partisans aveugles de la tolérance et d'une fausse humanité secouent leur apathie. Ils commencent à sentir vivement leur responsabilité dans ce désastre universel ; Ils sentent **que leur adhésion aux doctrines soi-disant libérales des Juifs devint un acte de haute trahison à l'égard de la patrie autrichienne, une véritable malédiction pour eux-mêmes et pour leurs enfants.**

De tous côtés, on s'est donc mis à réfléchir ; on a cherché à s'expliquer la facilité incroyable avec laquelle s'est opérée la conquête de l'Empire par les Juifs. Le premier soin des Israélites, on ne l'avait pas assez remarqué au début, a été de s'attaquer à la foi chrétienne, par la voie de la presse qu'ils avaient tout d'abord monopolisée entre leurs mains. En lui prodiguant des attaques, en jetant sur elle le ridicule, ils avaient, à un moment donné, obtenu un tel succès que, pendant un certain temps, les églises de Vienne restaient désertes et que les dignes prêtres n'osaient plus s'aventurer dans les rues, de peur d'être insultés. Puis est venue l'exploitation de la population par les grands industriels juifs, qui a détruit le palladium de l'humanité, la famille, enlevant aux travailleurs ce qui les soutenait dans leurs peines, ce qui les consolait dans leur misère. Ayant ainsi sapé toutes les bases de la société chrétienne, les Juifs n'avaient plus à dissimuler. Ils se sont montrés ce qu'ils sont réellement et ont mis en scène l'usure sous toutes les formes.

Ils se sont appropriés l'activité sociale presque tout entière et n'ont pas eu, d'ailleurs, un seul moment, la pensée généreuse de faire de leur fortune un instrument de libération des classes souffrantes. Ils en ont fait, au contraire, le plus puissant instrument d'oppression qui se puisse imaginer. Enfin, dégagés du souci des préoccupations matérielles, Ils ont déployé une énergie considérable pour dominer l'opinion publique, pour tenir les hauts emplois, les postes importants. Avec l'imprudence des gens enorgueillis par un succès trop complet, ils se sont mis à l'œuvre pour démolir de façon définitive tout ce qui leur faisait obstacle.

Tout le commerce en gros est entre leurs mains ; à peine ont-Ils laissé aux Viennois quelques petites maisons de détail ; encore sont-Ils en train de les enlever également. Il serait oiseux et superflu d'énumérer toutes les branches de commerce qu'ils se sont appropriées. Mieux vaut dire, en deux mots, qu'ils ont tout pris dans le domaine commercial. Faisant ensuite un pas de plus, Ils se sont tournés vers l'activité industrielle, la fabrication des articles les plus répandus. Sur ce terrain également, ils sont devenus les maîtres de la situation dans tous les pays autrichiens. Ce que voyant, un grand nombre de Juifs de Hongrie, de Pologne, de Russie et de Roumanie, jaloux des succès que leurs coreligionnaires obtenaient à Vienne, se sont abattus sur la capitale de l'Autriche.

L'envahissement juif procéda en France de la même façon.

En peu de temps, ils ont réussi à déloger les petits marchands comme les petits industriels, des positions qu'ils occupaient. Rue par rue, ils se sont infiltrés partout, ne laissant plus subsister à côté d'eux qu'un très petit nombre des anciens commerçants et industriels.

Dès le début, il avait été difficile aux Autrichiens de lutter contre eux, en raison de la solidarité qui est le premier principe entre Juifs. Ils n'avaient ni l'habileté ni les capitaux nécessaires pour soutenir la lutte. Aujourd'hui, il ne peut plus même être question de tenter la concurrence. Là où les uns ont tout et les autres rien, la lutte n'est plus possible.

Les petits patrons qui travaillent chez eux sont devenus des manœuvres ; ils travaillent pour le compte des Juifs moyennant un salaire dérisoire. On voit beaucoup de ces anciens patrons, artisans ou marchands, stationnant au coin des rues de Vienne, faisant avec leurs plaques numérotées, le service des commissionnaires.

La démocratie, inspirée et dirigée dans la coulisse par les influences juives, n'a jamais réussi, malgré ses grandes phrases humanitaires, qu'à asservir le peuple à la puissance de son capital. Comme l'a écrit Hennebicq dans son ouvrage La genèse de l'impérialisme anglais : « Aux Juifs il faut la démocratie parce que c'est le parfait bouillon de culture de leur microbe : la rapacité, la démocratie étant le gouvernement de la Bourse. »

Voilà ce qu'a valu à ce peuple honnête et débonnaire son amour loyal pour la liberté. Les Juifs sont déjà propriétaires de plus de la moitié des maisons de Vienne. À ne consulter que les titres de propriétés, il y en a 40 % qui leur appartiennent. Mais, si l'on consulte l'état des créances hypothécaires, qui peuvent aisément aboutir à une expropriation, il y en a 70 % (ceci en 1899).

Quant à la propriété foncière, il leur était interdit, jusqu'en 1849, d'en devenir acquéreurs. Depuis lors, ils ont singulièrement rattrapé le temps perdu. **Le baron de Rothschild possède, à lui seul, environ le quart de la grande propriété de Bohême (sept fois autant que la famille Impériale), sans parler de es qu'il possède également dans les autres provinces, dans la Basse-Autriche, en Moravie, en Silésie, ainsi qu'en Hongrie.**

La décadence des classes rurales depuis vingt ans est absolument indéniable dans l'empire d'Autriche et la cause essentielle de ce déplorable état de choses est la transformation économique qui a fait d'un pays agricole un pays capitaliste. **La terre est devenue une simple marchandise, qui change de propriétaire à tout moment. Le capitalisme juif a bouleversé l'agriculture comme l'industrie. L'activité, le travail, l'économie ne comptent plus en matière agricole ; le capital est tout. La spéculation s'est emparée du sol comme elle s'était déjà emparée des produits agricoles ;** et le pauvre paysan est devenu impuissant à lutter. Chaque jour, en moyenne, dans l'Autriche cisleithane, trente paysans environ, écrasés sous le poids des dettes, sont contraints d'abandonner leurs propriétés. Rien de plus triste que le spectacle des ruines multipliées dans les contrées où les Juifs sont nombreux. Il y a des localités où les paysans n'ont même pas un meuble à eux, à plus forte raison un morceau de terre. Depuis leur lit jusqu'à leurs chariots et à leurs faux, tout appartient aux Juifs.

Ils ont mis la main sur tout. La sécurité publique, à Vienne, est confiée à des policiers juifs. Rien d'étonnant, dès lors, à ce qu'il se produise dans la capitale autrichienne des choses qui seraient absolument impossibles ailleurs. La politique intérieure et extérieure semble être également de leur ressort. On en rencontre dans toutes les carrières publiques, et souvent au sommet de ces carrières. La place importante qu'ils y occupent est absolument disproportionnée à leur nombre, si élevé d'ailleurs. À l'Université de Vienne, par exemple, dès l'année 1887, il y avait déjà 17 professeurs juifs à la Faculté de Droit. Depuis cette date, il doit y en avoir au moins une douzaine de plus. Les étudiants en droit ou en médecine appartenant à la race israélite sont des plus nombreux. Tous les Juifs qui ont achevé leurs études classiques se jettent dans les carrières libérales. Ils se font avocats, journalistes ou médecins.

Ces trois professions sont, en quelque sorte, leur domaine exclusif. Le nombre de ces avocats est si considérable que beaucoup d'entre eux, faute de clients, s'adonnent à des occupations louches et méritent ainsi les attaques dont ils sont l'objet, mais qui doivent être fort pénibles pour les hommes de la corporation.

LE VEUF (anniversaire)

— Vivement une quatrième épouse :
　　Les trois autres m'ont si bien servi !...

(Dessin de Ralph Soupault)

LES MÉDECINS JUIFS À VIENNE

En 1893, on comptait dans la capitale de l'Autriche 794 médecins chrétiens et 763 médecins juifs. Le nombre de ces derniers augmente chaque année ; il dépassera bientôt celui des docteurs chrétiens.

Dans les services publics, les médecins israélites sont en grande majorité. Tous ceux qu'emploie la police, à très peu d'exceptions près, sont Juifs, et même parmi les chirurgiens militaires les Juifs sont extrêmement nombreux.

En France, il était impossible, en troisième République, d'obtenir des statistiques officielles concernant les Juifs. À la veille de la guerre, une remarquable interpellation de Darquier de Pellepoix au Conseil Municipal de Paris (Bulletin Municipal Officiel de la Ville de Paris, jeudi 7 avril 1938) mit à jour des chiffres très inquiétants concernant la pénétration juive dans la médecine, le barreau, les beaux-arts, la presse, le théâtre, la radio, les partis politiques, etc. Cette interpellation fut, à l'époque, entièrement passée sous silence par la grande presse.

Aujourd'hui, il n'existe pas encore de statistiques officielles, mais il commence à y en avoir d'officieuses. Lorsqu'elles seront rendues publiques, on verra avec étonnement que les chiffres ainsi publiés se rapprochent beaucoup de ceux donnés par Trocase pour l'Autriche.

TOUT LE MONDE D'ACCORD

— Bravo, Pierrot !...

(Dessin de Ralph Soupault)

LA PRESSE JUIVE

Les belles-lettres, et surtout le journalisme, sont littéralement inondés de Juifs. Tout ce qui a aujourd'hui un nom, à Vienne, parmi les rédacteurs politiques ou littéraires, est d'origine juive. Sur les 16 grands journaux quotidiens qui paraissent à Vienne 10 appartiennent aux Juifs et sont rédigés et administrés par eux.

L'histoire de la presse autrichienne est tellement liée à l'histoire de la monarchie depuis quarante ans qu'il serait impossible de les séparer l'une de l'autre. Pour retracer de façon complète les diverses phases qu'elle a parcourues, il faudrait du même coup résumer toutes les péripéties de la vie publique dans l'empire des Habsbourg, rappeler toutes les modifications qu'a subies la Constitution, ainsi que tous les actes de quelque importance qui ont été accomplis sur te terrain politique, économique et social.

Pendant vingt-cinq ans, de 1861 à 1886, la presse viennoise a appartenu de façon presque exclusive au parti soi-disant libéral, c'est-à-dire au parti allemand centraliste ; elle a été dirigée par des Juifs. Tous les grands journaux de Vienne, tous ceux qui comptaient, non seulement en Autriche, mais dans le monde, se qualifiaient eux-mêmes de libéraux.

Ils ne se faisaient pas faute de critiquer amèrement les tendances réactionnaires qu'ils attribuaient à leurs adversaires politiques ; et, disposant de ressources pécuniaires considérables, ils étaient arrivés à exercer un véritable monopole en ce qui concerne la direction de l'opinion publique.

Qu'est devenue, en Autriche, sous leur influence, cette grande image de la Patrie qui, pour les cœurs bien nés, devrait être l'objet d'un culte affectueux. Le patriotisme autrichien a beaucoup diminué : et l'action de la presse juive n'est pas étrangère à ce résultat.

Au début, il s'est rencontré quelques hommes de grand courage et de grand talent qui se sont jetés dans la mêlée littéraire à côté des Juifs et ont tenté de lutter contre la toute-puissance qu'ils les voyaient en train de conquérir. L'histoire de cette presse a enregistré les noms de O.-F. Berg, Antoine Lauger et quelques autres écrivains qui avaient entrepris cette tâche méritoire. Malheureusement, ces valeureux champions n'ont pu soutenir la lutte. Attaqués sans merci par des adversaires coalisés contre eux, accablés d'injures, abreuvés de dégoûts et surtout mollement soutenus par l'indifférence populaires, ils se sont sentis impuissants à lutter contre les entraves de toute nature qui leur étaient opposées. Ils ont disparu, les uns pour terminer leurs jours dans des maisons d'aliénés, les autres pour succomber finalement à la misère et au désespoir.

Sous le ministère du comte Taaffe seulement, vers 1885, ainsi que nous le verrons plus loin, la lutte a pu être reprise et l'antisémisme arriver à une véritable puissance. Mais, pendant un quart de siècle, les Juifs ont été, exclusivement, absolument maîtres du terrain. Ils ont dirigé l'opinion publique avec une habileté consommée, ont fait entrer leurs élus au Parlement, et ont présenté à l'Europe une Autriche qui ne ressemblait plus par aucun trait à celle d'autrefois.

La presse juive s'était constituée comme une véritable armée. Sans cesse prête à lutter contre les populations autrichiennes sans se demander si du même coup elle n'attaquait pas les bases de l'Empire. Elle avait organisé, pour la défense de ses intérêts, une association littéraire, la Concordia, dont l'accès était à peu près impossible aux journalistes chrétiens et, pour mieux assurer son influence sur les esprits, la presse politique avait eu soin d'accaparer également la représentation des intérêts matériels du pays, en donnant des renseignements très développés sur les établissements financiers, sur les compagnies de chemins de fer, les associations industrielles, les sociétés d'assurances et autres du même genre. Elle s'est fait peu à peu une véritable spécialité de donner au public des conseils. Mais sous ce rapport aussi la presse juive a dépassé les bornes et a fait un usage néfaste de son influence. En prenant part à tous les coups de Bourse, elle a ruiné les gens qui avaient été assez mal inspirés pour suivre ses conseils.

A-t-elle mieux rempli sa mission sous d'autres rapports ? A-t-elle servi les intérêts de l'Autriche au point de vue des relations internationales ? A-t-elle mis à profit son ascendant incontestable pour créer à l'Autriche d'utiles relations, pour lui attirer des sympathies, pour tenter de lui faire en Europe une situation digne de son passé ? C'est là le rôle qu'aurait eu à cœur de remplir une presse vraiment patriote et dévouée aux intérêts du pays. Elle aurait tenté de se faire pardonner sa suprématie abusive et son despotisme audacieux, par de grands services rendus au pays. Or, son activité, au point de vue des relations internationales, a été au contraire absolument néfaste. La Russie avait sauvé la Monarchie en 1849, et ne demandait qu'à vivre en bonne intelligence avec ses voisins. La presse autrichienne l'en a mal récompensée. Nous ne saurions mieux faire ressortir les conséquences de son attitude qu'en rappelant la tension qui s'est produite dans les rapports entre les deux pays et qui faillit compromettre la paix du monde. Et quel était le vrai motif de cette guerre de presse ? **L'alliance israélite avait décidé qu'il fallait travailler avant tout a la libération des Juifs de Russie.** La presse autrichienne tout entière suivit le mot d'ordre en publiant de véhémentes déclamations contre les horreurs de la Sibérie et les abus du pouvoir bénévolement attribués aux sphères dirigeantes de l'empire russe. **On ne songea pas à se demander pourquoi les mêmes tsars, qui avaient, de leur propre initiative, affranchi les serfs et protégé les paysans, se montraient sévères à l'égard des Juifs.** On établit volontairement dans tout l'empire d'Autriche, à grand renfort d'articles éloquents, la croyance aux légendes qui représentaient la Russie comme un pays sauvage, où tout le monde était livré, pieds et poings liés, à la volonté d'un petit nombre de tyrans.

À cette occasion, plus que jamais, **la presse juive de Vienne démontra sa toute-puissance sur l'opinion publique.** Elle parvint à créer un tel courant d'animosité contre la Russie, que personne ne tenta de lutter contre ces tendances néfastes. Bon gré, Malgré, la monarchie des Habsbourg, sans même conserver, dans les organes officieux, les bienséances diplomatiques, se trouva pendant quinze ans constituée à l'état d'hostilité latente contre l'Empire.

Jusqu'au décès de l'empereur Alexandre III, aucun effort ne fut tenté dans les sphères dirigeantes de Vienne pour arrêter les torrents d'injures dirigés contre lui par les journalistes juifs.

C'est cette même presse qui a poussé frénétiquement à la guerre des démocraties au moment des sanctions contre l'Italie, pendant la Révolution communiste d'Espagne et tout au long de la période de tension qui va de l'affaire tchécoslovaque à la guerre mondiale de 1939.

Si la presse viennoise a joué un tel rôle, malfaisant et délétère, en ce qui concerne les relations entre l'Autriche-Hongrie et l'Empire du Nord à plus forte raison devait-elle agir de mérite vis-à-vis de la France. Tantôt par voie de fausses nouvelles, tantôt par des insinuations calomnieuses, tantôt enfin par des philippiques enfiévrées, l'on se mit à déverser sur elle la haine et l'injure, sans le moindre souci de la vérité. Le silence dédaigneux qu'opposa la presse française, dans son insouciante indifférence, à ce débordement de méchancetés, ne parvint pas à y mettre un terme. Au lieu de comprendre ce qu'il y a de noble et de généreux, après tout, dans une telle attitude, les Juifs viennois et pesthois ont redoublé de haineuse ardeur dans leurs attaques. Critiquer avec fiel, avec excès tout ce qui se passe en France, déverser le venin (le leur bave fangeuse contre la nation française et ceux qui président à ses destinées, cela leur semble tout simple, à l'abri de toute réplique. Et, chose singulière, **ce ne sont pas, comme on pourrait le croire, les journaux nationalistes allemands en Autriche qui se font de ces critiques passionnées une spécialité. Ce sont les journalistes juifs qui se livrent à de telles attaques.** C'est pour eux, parait-il, un trop lourd fardeau que celui de la reconnaissance. Le souvenir des services que la France a rendus à leur cause, il y a près d'un siècle, pèse trop lourdement sur leurs épaules ; ils le secouent comme un écrasant fardeau et s'en vengent à leur manière, comme les esprits mesquins et les cœurs racornis se vengent sur leurs bienfaiteurs. Ces mêmes hommes, jadis traités en ilotes, qui auraient dû vouer à la France une éternelle reconnaissance, sont les premiers à lui prodiguer l'insulte et à répandre sur son compte les mensonges les plus odieux.

Et ce sont ces gens sur lesquels on veut nous apitoyer aujourd'hui.

En revanche, toute prétention d'un journaliste français d'examiner, ne fût-ce que dans une simple note télégraphique, ce qui se passe chez eux, leur semble absolument monstrueuse. Quelle que soit la forme calme et même indulgente dont cette note soit rédigée, ils la regardent comme absolument inconvenante, du moment où elle est dirigée contre eux. La liberté n'existe, à leurs yeux, que pour les journalistes juifs. Quiconque ne rentre pas dans cette catégorie ne mérite pas les moindres égards.

À ne considérer que le point de vue du métier, la presse viennoise est merveilleusement organisée. Elle possède des correspondants partout et leur fournit les subsides nécessaires pour qu'ils lui expédient des télégrammes précis, détaillés, chaque fois que l'occasion s'en présente. Les organes les plus importants de Vienne se sont fait ainsi une, spécialité des discussions sur la politique internationale, qu'ils connaissent à fond et qu'ils traitent parfois de façon vraiment remarquable. Par malheur, toutes ces qualités incontestables, mais de pure forme, sont gâtées par **le parti-pris de traiter toutes choses exclusivement au point de vue des intérêts juifs.**

Revenons à l'action de la presse à l'intérieur, au rôle qu'elle a joué dans son propre pays. Ici encore nous sommes en présence d'une action dissolvante, d'un rôle néfaste et antipatriotique. Très ardente et très passionnée dans l'attaque dirigée contre certaines classes, contre certaines catégories de citoyens, elle a toujours paru incapable de ressentir un de ces élans généreux comme en a parfois la presse dans d'autres pays, qui groupe tous les organes de l'opinion publique dans une action commune, dans une entente pour le bien public. **Ne demandez rien de semblable aux journaux juifs de l'Autriche. La critique, la négation, la haine, voilà leurs moyens d'action.**

Même attitude de la part des journaux juifs en France, avant guerre : Le Populaire, Le Droit de Vivre, Ce Soir, *etc.*

La presse juive de Vienne a tout vendu, tout mis à prix, la renommée artistique aussi bien que la fortune dans les affaires. Aucun produit intellectuel, aucune œuvre d'art n'a pu voir le jour et parvenir à la connaissance du public sans passer par le creuset de la presse juive, sans avoir à subir sa critique ou à payer son approbation. Qu'un artiste ait voulu obtenir les suffrages du public, il lui a fallu de toute nécessité s'incliner devant la toute-puissance des journalistes hébreux.

Qu'une jeune actrice, une musicienne, une cantatrice de talent ait voulu faire ses débuts et se risquer devant une salle plus ou moins bien garnie, elle n'a osé le faire, le plus souvent, qu'après avoir payé son tribut aux désirs d'Israël. Sinon, elle eût échoué de façon à peu près certaine. C'était la tyrannie despotique rétablie cette fois au profit des Juifs et brutalement exercée par eux dans toute sa plénitude. Rien ne pouvait échapper à leur caprice, à leur omnipotence sans contrôle et sans limites.

De même que Warwick était devenu en Angleterre le faiseur de rois, ils étaient, eux seuls, à Vienne, les faiseurs de réputations. Dans quelque situation que l'on se trouvât, à quelque carrière que l'on voulût demander le succès ou la fortune, il fallait passer par leurs fourches caudines. Hommes politiques ou danseuses de cafés-concerts, écrivains ou artistes dramatiques, peintres ou compositeurs de polkas, nul ne pouvait prétendre à la célébrité, s'il n'avait reçu de la caste dominante le permis de circulation.

Nul n'avait le droit d'avoir du talent, de le faire connaitre au public, s'il ne s'était humblement prosterné tout d'abord devant le Dieu d'Israël.

Quiconque à Vienne ne payait pas le tribut devait s'attendre pour le moins à voir ourdir contre lui la conspiration du silence :

« *Nul n'aura de l'esprit que nous et nos amis.* »

Telle qu'elle s'est révélée par ses résultats la presse viennoise, dominée par le judaïsme, a été absolument désastreuse. C'est une œuvre de mort qu'elle accomplit. Autour d'elle, en dehors d'elle, le vide. Dans toutes les classes de la population, les germes de haine, les semences de la discorde et de la jalousie, la dissolution, la décomposition. Il n'a fallu rien moins que la confusion des esprits, brusquement réveillés après un sommeil séculaire, pour faciliter la durée d'un monopole qui s'est exercé aussi audacieusement durant un quart de siècle et qui, même aujourd'hui, n'est pas encore détruit, quelle que soit la violence du mouvement déchaîné contre lui.

Sous le rapport des renseignements, la presse antisémite est incontestablement en état d'infériorité vis-à-vis des grands journaux juifs, qui ont trouvé moyen, jusqu'ici, d'être et de demeurer beaucoup plus intéressants. **Cet avantage incontestable n'est pas dû d'ailleurs, à la supériorité du talent ou de l'intelligence.** Les Juifs y prétendent volontiers, nous ne l'ignorons pas ; mais les hommes sincères ne sont pas de leur avis. S'ils ont dans leurs rangs des écrivains de grand mérite, leurs adversaires ne leur cèdent en rien sous ce rapport. **La différence provient exclusivement de l'importance des ressources pécuniaires dont dispose la presse juive**, et qui lui permettent d'être promptement, exactement renseignée sur tout ce qui se passe sur n'importe quel point du monde, d'organiser des services télégraphiques sur une vaste échelle, de s'assurer le concours d'illustres collaborateurs, de tenir toujours, en un mot, la tête du mouvement.

Depuis sa fondation, la presse juive a toujours disposé de capitaux considérables et cet état de choses ne s'est pas modifié depuis. Bien au contraire, devenue l'organe attitré de riches banquiers, de puissantes sociétés financières, elle a vu constamment ses ressources s'accroître et ses moyens d'information grandir. Les journaux antisémites, au contraire, ont eu pour la plupart à lutter contre la gène financière, à subir des vicissitudes de toute sorte, d'autant plus qu'ils devaient renoncer volontairement à certaines sources de revenus qui avaient enrichi, leurs concurrents. D'autre part, le mouvement commercial et industriel étant toujours dominé par les Juifs, les annonces, qui sont si rémunératrices pour les feuilles cosmopolites, échappaient neuf fois sur dix aux organes antisémites. Les commerçants et industriels préféraient naturellement s'adresser à leurs coreligionnaires, qu'à ceux qui les combattaient. Bref, si l'on tient compte des difficultés à vaincre et qu'ils connaissaient à l'avance, les journaux antisémites ont accompli par le seul fait d'avoir vécu et d'avoir assuré les bases de leur existence, un véritable miracle. Ils ont le droit d'en être fiers.

(Staline envoie un « *représentant* » en Afrique du Nord) *Les Journaux.*

LE REPRÉSENTANT

— ...Enfin voici quelques procédés, dont notre maison a le secret et qui firent sa réputation mondiale, permettant de se débarrasser dans les vingt-quatre heures de tous les parasites, gêneurs, empêcheurs de tourner en rond et autres vipères lubriques...

(Dessin de Ralph Soupault)

L'ENJUIVEMENT DE LA SOCIÉTÉ AUTRICHIENNE

*V*oici d'ailleurs qui achève de révolutionner la face de l'Autriche et de modifier l'aspect de la société autrichienne. Nous voulons parler des lettres de noblesse accordées aux Juifs avec une sorte de prodigalité. **Les cercles nobiliaires se remplissent de parvenus juifs. Il ne se pouvait rien imaginer qui fût de nature à ébranler davantage la confiance du peuple dans les classes dirigeantes. Il ne se pouvait non plus rien imaginer de plus dangereux pour la dynastie.** L'on cherche parfois l'origine des idées révolutionnaires en Autriche. En voilà une des plus puissantes !

Il est clair qu'un État, divisé par les querelles des nationalités comme l'Autriche, affaibli par d'autres motifs encore, offre aux Juifs un champ d'activité des plus fertiles. Au milieu de ces luttes à mort, ils manœuvrent tout à leur aise. À Vienne, ils ont pris part au Mouvement germanique ; à Prague, ils luttent en apparence pour l'autonomie des Slaves. À Trieste, ils se montrent ostensiblement irrédentistes. **Partout ils prennent une part importante aux luttes des partis et des nationalités qu'ils poussent à l'extrême pour en profiter**

selon leur habitude. En Hongrie, ils animent et excitent les Magyars contre l'Autriche ; en Cisleithanie, ils prêchent aux Autrichiens la haine contre la Hongrie. **Au fond, ils détestent tout le monde aussi bien les Allemands que les Magyars et les Slaves, les Protestants autant que les Catholiques, et ne songent qu'a mettre le pays en coupe réglée.** Le gouvernement autrichien en a peur ; il n'ose pas s'interposer, sachant parfaitement que de nombreux députés sont à leurs gages.

C'est surtout sur le terrain des questions sociales, chose singulière, pré le peuple d'Israël exerce son action politique. Pénétré de sa puissance, le Juif autrichien se place ostensiblement au premier rang parmi les combattants pour la cause socialiste ; il se fait aussi le chef et le guide de ce qu'on appelle les « Intellectuels » ; et pour conquérir plus aisément la direction du mouvement, il se dit patriote. **Mais son patriotisme ressemble fort à l'attachement du paysan pour sa vache.**

Pas de népotisme comparable à celui des Juifs ; pas de solidarité plus étroite. Partout l'élément juif se pousse en avant ; partout il exploite la situation à son avantage exclusif, et par suite de cette lente infiltration dans toutes les ramifications de l'ordre social, la vie de l'Autriche est de toutes parts infestée de l'esprit judaïque.

Si nous adoptions les données officielles, la population juive représente 5 % de la population d'Autriche ; en adoptant un chiffre plus en rapport avec l'opinion générale, nous ne pourrions arriver qu'à la proportion de 8 %. Or, les étudiants juifs aux écoles de médecine de. Vienne figurent dans la proportion de 57 %.

Ce n'est pas cependant par le travail ni par l'exercice d'aucune vertu spéciale que les Juifs sont arrivés au sommet de l'échelle. **Ce n'est pas le talent ; ce n'est pas la science, ni l'activité productive qui ont mené la population juive au premier rang. C'est exclusivement l'intrigue, l'audace, la ruse, l'habileté à exploiter le prochain, la rapacité insatiable, et l'absence de tout scrupule.** En s'appropriant sans vergogne le fruit du travail et de l'activité de leurs concitoyens, les Juifs sont arrivés rapidement à réunir entre leurs mains la richesse, l'influence, les éléments de domination. **De rien ils sont devenus en cinquante années tout dans la monarchie des Habsbourg.**

— Nous aimons encore mieux faire nos Pâques que nos paquets.

(Dessin de Ralph Soupault)

EXPLOITEURS ET EXPLOITÉS

$\mathcal{E}$N dépit des plaintes amères qui s'élèvent contre eux de toutes parts, **les Juifs continuent à se poser comme les défenseurs de toutes les libertés.** Comme au début de l'invasion dont nous venons de signaler les rapides progrès, l'on parle dans les feuilles israélites des principes humanitaires, de la marche de la civilisation qui fournira, dit-on, des remèdes pour toutes les souffrances, des conseils salutaires dans toutes les perplexités, du lait pour l'enfance et du vin généreux pour la vieillesse. Mais cette verbeuse logomachie ne parvient plus à tromper personne. Chacun sait désormais, en Autriche, à quoi aboutissent ces doctrines soi-disant libérales et humanitaires, qui ont conduit la population à une si dure servitude. Il n'est plus au pouvoir de personne de dissimuler la vérité, ni même de l'atténuer. L'on n'a qu'à ouvrir les yeux pour voir que l'Autriche est livrée à la voracité de ces « amis de l'humanité ».

Ce n'est pas sans raison qu'on leur reproche également l'usure pratiquée sur les objets d'alimentation. Il y a des époques où le prix du blé tombe à la moitié de ce qu'il était l'année précédente et cependant la population ne paie pas le pain moins cher ; elle paie plutôt un prix plus élevé. Les Juifs s'arrangent pour gagner des deux cotés. Ils accaparent tout le blé disponible, et une fois en possession de la presque totalité, ils règlent les cours à leur guise, au gré de leurs intérêts. Personne n'en profite en dehors d'eux. L'ouvrier des villes continue à payer le pain cher ; mais les agitateurs se sont enrichis.

L'emprise de spéculateurs juifs comme Louis Louis-Dreyfus sur le marché du blé en France, a été maintes fois signalée.

L'on essaie d'objecter, il est vrai, que la cote des blés doit s'adapter à la cote internationale. C'est possible. Mais cela prouve uniquement qu'il y a des juifs partout et que ce sont eux qui dominent sur les grands marchés internationaux.

Ce que le Juif fait pour l'accaparement des blés, il le fait également pour tous les objets nécessaires à la vie. Sous le nom de Cartels, il organise le monopole pour le pétrole, le sucre, les charbons, etc. Pour ce qui concerne la viande de boucherie dont le commerce en gros, dans les grandes villes, est également entre les mains des Juifs, le prix de la vente au détail est absolument exorbitant, bien que Vienne et Budapest soient entourées de localités agricoles. Bref, l'exploitation de la classe laborieuse et indigente par les spéculateurs sans vergogne ne saurait être poussée plus loin. Jamais un peuple honnête et travailleur n'a été mis ainsi en coupe réglée pour enrichir une seule race. Jamais les faits n'ont démontré aussi clairement à quel point est profondément déplorable l'esprit spéculateur des Juifs. Pour eux, il n'a jamais été question de huilier la production à l'aide des cartels — ce qui pourrait avoir son utilité. Il s'est toujours agi de maintenir les prix à un niveau surélevé, ou de les faire hausser encore.

Sous le régime eu Front Populaire, qui était l'émanation des principes judéo-marxistes, nous avons constaté une hausse continuelle du coût de la vie, et une série de dévaluations correspondantes, accompagnés d'un développement frénétique de la spéculation dans tous les domaines.

Par la férocité dont elle fait preuve, et qui dépasse vraiment celle des animaux carnassiers, la Juiverie autrichienne provoque l'indignation lorsqu'elle ose parler de civilisation et de progrès. Pour la satisfaction exclusive de ses intérêts, elle est prête à broyer tous ses adversaires, sans le moindre souci de ce dogme de la fraternité humaine qu'elle a proclamé si haut en 1848. Elle va jusqu'à oublier le droit imprescriptible de l'humanité — le droit de vivre.

Sous le rapport de l'activité financière, les Juifs n'ont pas été moins désastreux pour l'Autriche. Non pas que leurs établissements soient mal dirigés, bien au contraire Ce qu'on leur reproche par-dessus tout, avec grande raison, ce sont les coups de Bourse qui enlèvent périodiquement à l'épargne le peu qu'elle avait réussi à amasser et à garder. Il s'est écoulé plus d'un quart de siècle depuis le terrible krach de 1873 ; et cependant les épouvantables abus de confiance que cette catastrophe a mis au jour ne sont pas oubliés. Le krach de 1873, œuvre des Juifs, a été sans contredit l'un des désastres économiques les plus effroyables qu'ait enregistré l'Histoire ; et nul de ceux qui en ont été témoins ne pourra jamais, l'oublier.

Depuis, la technique s'est perfectionnée et la terrible période d'après-guerre, celle que les Juifs acclament comme la «période messianique» (Léon Motzkine dixit) n'a été qu'une succession de krachs bouleversant toute l'économie mondiale au profit des spéculateurs de tous poils. Rappelons quelques-uns des grands scandales juifs qui illustrent la fin de la IIIᵉ République :

Les krachs : Lœwenstein, Lévy, Oustric, Hanau, Bloch, Stavisky, Natan, Mendelsohn, Mannheimer.

Les trafics de drogues : Isaac Leifer, Théodore Lyon.

Les affaires d'espionnage : Linder-Rosenfeld, Lydia Stahl, Berkovitz.

Les assassinats politiques, : Ignace Reiss, Schwartzbard, Grynzpan, etc.

Sur ce point, la France était plus gravement atteinte que ne l'était l'Autriche du temps de Trocase.

Si les grands exploiteurs ont laissé des traces aussi durables de leur passage, il en est des milliers de petits dont l'influence journalière a modifié radicalement les mœurs publiques.

D'après le dernier recensement opéré en 1890, les Juifs étaient en Autriche dans la proportion de 4,8 % de la population ; ils figuraient dans la proportion de 62,9 % parmi les gens qui y ont été condamnés pour usure.

C'est uniquement, exclusivement par l'exploitation que le Juif autrichien s'est enrichi. Il n'a pas travaillé ; il n'a fait preuve d'aucun mérite spécial. Il n'a jamais pris en main ni une aiguille, ni une alêne, ni une hache. Il n'a jamais manié la charrue, ni ensemencé les champs, ni fauché les prairies. Quelle œuvre féconde a-t-il accomplie ? Tout pour lui et pour lui seul. Il est devenu riche, infiniment plus riche que les Chrétiens, et aux dépens des Chrétiens. Tout ce que ceux-ci avaient amassé par leur travail, grossi par leurs économies, et conservé avec mille soins minutieux, il les en a dépouillés.

Qui pourrait s'étonner que l'amour de la patrie ait disparu, que des haines ardentes se soient amoncelées, au fond des cœurs contre un état de choses qui protège les exactions juives, et leur livre pieds et poings liés d'honnêtes et honorables gens ?

LES SÉDUCTIONS

La plus épouvantable forme qu'ait revêtue jusqu'ici la cruauté des Juifs est celle qui a trait à l'exploitation du corps humain. Le cri de la conscience humaine, justement indignée, a vivement impressionné l'Autriche tout entière, en présence d'un spectacle plus honteux, plus dégradant, plus douloureux encore que tout ce que nous venons de dire. Les vastes couches populaires se sont émues en voyant les hécatombes de milliers de jeunes filles chrétiennes, sacrifiées au Minotaure sémitique. Dans le sentiment d'unanime douleur, de commune réprobation, les haines nationalistes ont été oubliées. Les Allemands, Slaves, Hongrois ou Italiens s'étaient sentis précédemment la rage au cœur en voyant les Juifs absorber les forces vitales de leur pays, et accumuler entre leurs mains toutes les ressources de la monarchie. Toutefois, de guerre lasse, ils avaient fini par s'y habituer. Ils s'étaient résignés à ramasser les miettes tombées de la table de leurs hôtes. De même ils avaient protesté énergiquement contre l'influence néfaste exercée par les Juifs sur les destinées de l'État, contre la vénalité qu'ils introduisaient dans les mœurs publiques ; et malgré tout, ils avaient fini par s'accoutumer également à voir tout devenir vénal, les emplois, les dignités, les titres, les noms et prénoms, l'honneur même.

Mais en revanche, des clameurs retentissantes se sont élevées jusqu'au Ciel, lorsqu'on a dû reconnaître et constater les ravages causés par la vénalité de l'amour. Par la toute-puissance de l'argent et l'influence démoralisante de leurs goûts immondes, Juifs ont amené, dans l'esprit des jeunes femmes, des conceptions de la vie qui étaient inconnues des générations anciennes : En Autriche, plus que tout autre pays de l'Europe, le respect de la femme a diminué, et la population tout entière s'est sentie humiliée de ce changement.

Les Juifs ont inculqué à la jeunesse féminine, en Autriche, des mœurs dissolues, des habitudes déplorables, une démoralisation inouïe. La bassesse native de leurs sentiments, l'argent et le manque absolu de conscience, les prédisposent singulièrement au rôle de séducteurs. Aussi la prostitution guette-t-elle, à chaque porte, les jeunes filles qui, dans les grandes villes, deviennent en si grand nombre les servantes des Juifs. On ne risque guère de se tromper en disant que le plus grand nombre de malheureuses filles qui se corrompent et se prostituent, dans les grandes cités autrichiennes, doivent aux Juifs leur première chute.

En France, le juif Léon Blum donnait l'exemple en conseillant la prostitution aux jeunes filles et en prônant l'inceste dans son scandaleux ouvrage : Du Mariage, *réédité alors qu'il était président du Conseil.*

Les rapports entre patrons juifs et ouvrières chrétiennes sont malheureusement entachés du même caractère d'immoralité. On a mis à jour la façon d'agir d'un industriel qui occupait dans ses ateliers de nombreuses apprenties de 14 à 16 ans. Lorsqu'elles avaient terminé leurs deux années (l'apprentissage sans le moindre salaire, elles ne pouvaient obtenir de lui le livret d'ouvrière, auquel elles avaient droit, qu'à la condition de lui sacrifier ce que Dumas appelait « leur capital ». — Les exploits accomplis en ce genre par un autre juif ne sont pas moins typiques, il exploite à lui seul 1.400 métiers de tissage dans diverses localités de la Silésie autrichienne. Or, il se vantait publiquement d'avoir reçu dans son comptoir, au cours des années, la visite intime de plus de mille de ses ouvrières, femmes ou jeunes filles, mariées ou célibataires, qu'il avait invitées à tour de rôle, à venir elles-mêmes lui demander du travail. Ces visites intimes, il les qualifiait effrontément de « commission » à prélever sur les salaires.

Voici ce que déclare en ces termes significatifs M. Gross-Hoffinger :

« Les Juifs millionnaires, ces spéculateurs de Bourse, recherchent de préférence les jeunes filles les plus pures, les plus innocentes. Puis, quand l'aristocratie juive a abusé à son aise de ces malheureuses, alors seule vent les victimes chrétiennes sont abandonnées à leur misère et tombent dans l'abîme de la prostitution. Quant aux Juifs pauvres, à ceux des classes inférieures, ils excellent à exploiter le rôle d'entremetteurs. Ils savent trouver des jeunes filles pour les harems turcs et les maisons mal famées du monde entier. »

Ainsi, plus on va, plus on s'enfonce dans cette fange juive d'où se dégage une odeur infecte qui a fini par empester l'Autriche tout entière. Certes, parmi tous les crimes qu'éclaire le soleil, les chrétiens ont trop souvent aussi leur part ; mais jamais encore on n'a eu, en Autriche, à leur reprocher de faire le commerce d'exportation des vierges chrétiennes. **Cette honteuse spécialité qui déshonore notre siècle appartient aux Juifs seuls et de façon exclusive.** Il faut leur en laisser l'infamie. Pendard longtemps on en a ignoré les détails. On voyait des jeunes filles, en grand nombre, disparaître mystérieusement, sans savoir ce qu'elles devenaient. Ce fut le procès jugé en 1892 dans la capitale de la Pologne autrichienne, à Lemberg, qui nous l'a finalement appris.

Vingt-huit Juifs étaient accusés de rapt et de trafic de jeunes filles. Ces misérables avaient attiré dans un piège savamment préparé un grand nombre de jeunes chrétiennes dont la plupart fréquentaient encore les écoles. Ils leur avaient promis les conditions les plus brillantes pour les décider à aller à l'étranger. Aussitôt qu'elles eurent franchi ta frontière, on les traita comme des esclaves et toute tentative de fuite fut rudement réprimée. Arrivées en Turquie, elles furent vendues à des maisons de prostitution à raison de mille marks chacune en moyenne. Or, quels sont les propriétaires de semblables maisons en Turquie ? Les Juifs seuls ; pas d'autres. Celles de ces pauvres victimes qui voulurent résister furent enfermées dans des cachots souterrains et rendues dociles à force de mauvais traitements. Lorsqu'enfin la police se décida à-intervenir, soixante de ces jeunes filles furent délivrées. On put les arracher aux griffes des barbares. Mais hélas, elles étaient perdues corps et âmes.

Le procès dura dix jours. Il mit en lumière des détails monstrueux. Il fut clairement établi que des centaines de jeunes filles avaient été entraînées par cette bande à Lemberg dans la honte, le désespoir, la maladie et la mort. Par suite des lacunes de la législation, les coupables ne furent condamnés qu'à des peines insignifiantes. Le chef de la bande, Isaac Schafenstein, en fut quitte pour un an d'emprisonnement. Tous les autres firent seulement quelques mois de réclusion et recommencèrent leur sinistre, commerce, en y mettant un peu plus de ruse et de mystère. Ce qu'il y eut de plus révoltant dans cette triste affaire, c'est que le signataire des contrats de vente et de livraison eut l'audace de proclamer hautement, au début du procès, sa non-culpabilité :

« *Vous n'avez pas à vous occuper de moi, dit-il aux juges, que je vende des habits, des fruits, des veaux ou des femmes, peu importe. Je fais du commerce et personne n'a rien à y voir.* »

En parlant ainsi, l'accusé, nous le savons, se tenait exactement sur le terrain de la morale juive, qui permet de pratiquer, vis-à-vis des êtres humains, toute affaire qui n'est pas interdite par le Talmud à l'égard des animaux.

Suivent d'autres récits du même genre.

Ce sont là des faits que tout le monde connaît à Vienne. Par suite de la nature même des choses, il ne parvient à la connaissance du public qu'une partie minime de ces affreux crimes ; soit que les familles des jeunes filles préfèrent garder le silence pour éviter la honte, soit que, poussées par la misère, elles prennent leur part du prix versé par les marchands, prix qui varie entre 50 et 600 florins par tête, ou plutôt par corps, soit enfin que les pauvres filles, une fis arrivées à destination, n'aient plus le courage de renseigner leurs parents sur le sort qui leur est fait. Il est certain, en tout cas, que beaucoup d'entre elles, pour une cause ou pour une autre, ne donnent plus signe de vie.

L'extension qu'a prise cet odieux négoce indique à n'en pas douter, que des milliers de Juifs riches prêtent leur concours à ceux qui l'exercent de façon suivie. **Dans aucun journal israélite on ne trouve aucune critique, aucun mot de blâme à l'égard de ce trafic si profondément criminel.** Les coupables ne sont pas exclus de la communauté juive ni même désavoués. Il en résulte que leur conduit est sinon approuvée formellement, tout au moins regardée comme licite. **Il faudrait appliquer des remèdes radicaux à un tel état de choses, mais** il parait que les grands principes libéraux proclamés en 1848 s'y opposent. La liberté commerciale avant tout…

Les méfaits sensuels, que la loi ne peut punir paraît-il, et, de manière générale, les abus que les Juifs commettent contre les femmes ont puissamment contribué à l'explosion des colères qui ont donné naissance à l'antisémitisme autrichien. Quand on en parle à Vienne, les regards prennent une expression de haine indicible. C'est là, il faut le reconnaître, un sentiment trop naturel auquel l'homme ne peut se soustraire, et que partagent toutes les races, civilisées ou barbares, blanches ou noires, pour peu qu'elles aient le sentiment de l'honneur et de la dignité humaine.

LE MOUVEMENT ANTISÉMITE

*D*EVANT le danger juif sans cesse grossissant, l'Autriche resta longtemps inactive et, en quelque sorte, hypnotisée par une sorte de terreur mystérieuse. Pendant que la ruche juive s'agitait bourdonnante et multipliait ses attaques, les autruches gouvernementales et parlementaires cachaient leurs cous sous leurs ailes, cherchant ainsi à écarter les troublantes visions de l'avenir. Ce fut l'initiative courageuse de quelques citoyens qui se substitua finalement à l'action gouvernementale en organisant la résistance.

Des hommes de cœur et d'énergie, soucieux de la dignité humaine et, justement inquiets du sort de leurs enfants, se placèrent sans hésiter sur le devant de la scène pour tenter l'œuvre de salut.

Ils étaient peu nombreux au début, et leurs efforts parurent tout d'abord destinés à se briser contre l'inertie des masses et le mauvais vouloir du pouvoir central, dont les principaux organes les combattaient vigoureusement. D'autre part, ceux qu'ils attaquaient avaient pour eux la force que donne une longue possession de la richesse et de l'influence.

Cependant **l'antisémitisme, en dépit de ses faibles débuts, a fait depuis lors des progrès considérables** ; il a trouvé au sein des assemblées délibérantes de puissants échos, La révolte de la conscience publique a surpris les Juifs, qui prenaient le long silence pour un acte de résignation. Ils se croyaient sûrs de la dégénérescence en Autriche, et espéraient continuer sans obstacles à diriger à leur guise les destinées de ce malheureux pays. Ce fut avant tout l'instinct de la conservation qui provoqua de toutes parts de nombreuses et énergiques protestations. En voyant qu'après leur avoir enlevé leurs terres et leurs maisons, après les avoir dépouillés de leur argent, les Juifs prenaient leurs Femmes et vendaient leurs filles, les Autrichiens ont compris qu'il était grand temps de relever la tête, et de serrer les rangs pour mettre un terme à de trop longues souffrances et pour faire reculer l'ennemi de leur repos. La lutte qui s'est engagée était aussi inévitable : d'une part, des nationalités unies par un danger commun ; de l'autre, la nation juive, ambitieuse de dominer, jalouse d'accroître encore sa puissance, exaltée par ses succès au point de devenir absolument despotique, et portée par ses instincts à ruiner tous ceux qui subissaient son contact.

Lorsque les Juifs prétendent que l'antisémitisme est le produit d'une haine religieuse poussée à l'extrême, ils commettent un mensonge et s'en rendent très bien compte. C'est parmi les indifférents en matière de religion, en effet, que se rencontrent les antisémites les plus ardents et les plus décidés.

En revanche, ce qui est incontestable, c'est que la presse juive, de complicité avec les gouvernements, soi-disant libéraux, de 1861 à 1879, avait organisé une guerre acharnée contre le Christianisme. Elle attaquait en termes violents l'Église et ses prêtres. Mais ayant conscience du rôle décisif que joue la foi religieuse par rapport à la conservation des races, elle s'abstenait de porter atteinte à la confession mosaïque.

Les Juifs, en répandant leur poison littéraire dans tous les rangs de la Société avaient audacieusement entrepris la déchristianisation de l'Autriche. **La guerre religieuse dont ils se plaignent aujourd'hui a été déclarée par eux-mêmes.** Ils ont voulu enlever aux chrétiens leur foi et leurs croyances, pour les affaiblir, pour leur enlever toute force de résistance en face de la corruption. Il était impossible que les Viennois ne finissent pas par s'en rendre un compte exact ; aussi, pour réagir contre la démoralisation des masses, la fraction la plus nombreuse des antisémites s'est-elle organisée, sous la conduite du docteur Lueger, en un parti socialiste-chrétien.

Drumont a réveillé la France endormie. Il a soulevé dans son pays la question juive, qui n'existait pas avant lui. M. Lueger, à Vienne, s'est simplement mis à la tête des masses qui étaient déjà en mouvement. Il a pris la direction d'un ordre de choses qu'il avait trouvé existant, mais au sein duquel il a apporté l'ordre et la clarté, à la place de la confusion antérieure. Psychologiquement parlant, c'est là le secret de son immense popularité ; c'est aussi le secret de tous les grands remueurs de foules.

Ce qui s'était déjà produit à diverses reprises dans le passé de l'humanité se renouvelle aujourd'hui avec plus de vigueur et d'animation. Il n'est pas besoin, dans ce livre, de remonter jusqu'aux temps antiques, pour montrer que le péril juif a toujours existé, pour voir l'antisémitisme se développer dans les villes grecques et dans le monde romain, en Asie Mineure, en Égypte, en Cyrénaïque et ailleurs ; mais lorsque des populations aussi diverses d'origine et d'aspirations que celles de l'empire d'Autriche s'unissent sous nos yeux, d'un commun accord, en vue d'une lutte pour la vie ou la mort, **on doit forcément admettre, qu'un tel, fait à des causes profondes qui valent la peine d'être recherchées, d'être bien connues du monde menacé, tout entier.**

L'on reproche de certains côtés à l'antisémitisme de se montrer intolérant. Mais à quoi donc a servi cette fameuse tolérance qui autrefois était le mot d'ordre des réformateurs soi-disant libéraux ? Quels fruits a-t-elle produits ? Quels ravages n'a-t-elle pas causés en Autriche sous prétexte d'établir l'égalité entre tous les citoyens.

Le Juif, nous l'avons suffisamment établi dans les lignes qui précèdent, ne comprend pas la doctrine de l'amour du prochain. Le prochain pour lui, c'est exclusivement sou coreligionnaire. **Quiconque n'est pas juif est à ses yeux l'ennemi et en le considérant ainsi, il obéit fidèlement aux préceptes de ses livres sacrés.** C'est pour cela que, après avoir été émancipé il y a un demi-siècle, il n'a profité des libertés qui lui étaient données que pour se retourner contre ses libérateurs et les opprimer de façon brutale. Quant à se montrer tolérant vis-à-vis d'eux, il n'y a pas songé un seul instant.

Au cours de l'année 1898, les paysans polonais, exaltés par le sentiment de leurs souffrances, exaspérés surtout par l'élévation exorbitante du prix du pain, se sont rués sur les Juifs et en ont maltraité un certain nombre. Nous n'essaierons pas de décrire les scènes d'horreur qui ont désolé Neu-Sandec et ses environs. Toute la contrée était en feu ; la flamme de l'incendie rougissait l'horizon tout entier, éclairant le théâtre de la destruction. Les maisons, les auberges, surtout, étaient la proie des flammes les magasins tenus par les Juifs étaient pillés et démolis. L'armée et la gendarmerie faisaient de vains efforts pour mettre un terme à ces, scènes de sauvagerie. **L'on aurait vraiment cru assister à la révolte des nègres contre** les planteurs d'Amérique ; et, au fond, c'était en effet la même cause produisant les mêmes effets. C'était la guerre civile dans toute son horreur avec ses conséquences les plus terribles.

L'ordre a été rétabli. De nombreux insurgés sont tombés morts dans la lutte ; d'autres, en grand nombre, ont été condamnés aux travaux forcés par les tribunaux ; et **les Juifs, dont aucun n'a perdu la vie, ont repris tranquillement leur œuvre néfaste de spoliation, d'usure et d'infamie.**

L'on a dit parfois qu'en ce qui concerne les Juifs d'Autriche, ce sont les petits, les faibles, les misérables, qui paient pour les autres. C'est absolument faux. Chacun paie pour son propre compte, attendu qu'il n'y a pas un seul juif, parmi ceux auxquels s'en prend la colère du peuple, qui n'ait contribué, dans la mesure de ses moyens, à l'œuvre d'accaparement. Les revendications des socialistes-chrétiens d'Autriche contre les grands exploiteurs qui se sont enrichis de façon scandaleuse, s'appliquent également aux petits Juifs, qui ont moins gagné, moins profité, mais qui n'en ont pas moins pris part à l'œuvre de dévastation.

Il y a donc dans la capitale de l'Autriche, nombre de millionnaires juifs qui, presque tous, ont quitté leur village natal sans autre fortune que le prix d'une botte d'oignons. Pour la plupart, ils sont originaires de Pologne ou de Hongrie. Quant à ceux qu'on appelle « les Grands Juifs », il n'y en a que trois : Rothschild, Gutmann et Reitzes. Les deux derniers ont commencé leur carrière en vendant des boites d'allumettes dans les brasseries de Vienne. Chacun d'eux possède à lui seul plus que ne possèdent ensemble les 1012 couvents (Klœster) qui existent en Autriche. M. Gutmann a accumulé des richesses si considérables en monopolisant dans la capitale le commerce des charbons. Quant au juif Reitzes, il doit sa renommée exclusivement à ses coups de Bourse. Un quatrième Juif autrichien, que l'on a aussi qualifié de « Grand » : le baron Hirsch, n'est plus de ce monde. C'est lui qui a dépouillé la Turquie de ses dernières ressources sous prétexte de construire les chemins de fer d'Orient.

Les Viennois en ont gardé un triste souvenir, pour avoir subi des pertes énormes sur l'achat des titres connus sous le nom de « Lots turcs ». Il serait néanmoins injuste et puéril, répétons-le, de leur attribuer à eux seuls la ruine de l'Autriche. Ils en ont eu leur part, c'est incontestable ; mais leurs coreligionnaires, dans l'Autriche cisleithane, au nombre de 1.200.000 se sont partagé le reste et ont ainsi parachevé leur œuvre.

Le parti des socialistes-chrétiens a commencé par s'attaquer aux gros capitalistes juifs ; il a détruit le premier anneau de cette chaîne de fer, et imposé en même temps silence aux cris de triomphe des feuilles soi-disant libérales, en réalité judéocratiques. Pour faire œuvre utile, il devait aller plus loin.

Plus on s'était montré, en effet, généreux et vraiment libéral à l'égard des Juifs, plus ils devinrent audacieux, insolents, et brutalement despotiques. Ce que voyant, les chefs antisémites ne pouvaient pas faire autrement que de recourir aux grands moyens. Déjà, au Conseil municipal de Vienne, les antisémites disposent d'une majorité qui atteint presque les deux tiers ; il ne leur manque plus que quelques voix pour être les maîtres absolus de cette assemblée. Mais aussi les scènes qui se répètent presque chaque jour à l'Hôtel de Ville de Vienne défient toute description. Les injures ne suffisent plus aux adversaires irréconciliables qui se trouvent en présence, on en est arrivé au pugilat.

Tout comme au Conseil municipal de Paris où défenseurs et adversaires du judaïsme en venaient déjà aux mains à la veille de la guerre ; rappelons à ce sujet les violents incidents Darquier de Pellepoix-Hirschowitz.

Les réquisitoires contre les Juifs se donnent également libre carrière dans les réunions publiques, où d'éloquents agitateurs, habitués à remuer les foules, prêchent l'évangile de la rédemption. Il est vrai qu'ils sont toujours très souvent troublés, au milieu de leurs discours par l'invasion des socialistes qui, obéissant à un mot d'ordre, s'introduisent dans les salles de réunions pour y porter le désordre, mais il est rare qu'ils se laissent troubler sérieusement et ne finissent pas par avoir le dessus.

Les meilleurs patriotes, les gens les plus instruits et les plus éminents, partagent absolument ces sentiments hostiles ; et nul raisonnement ne peut les en détourner. La haine contre les Juifs, telle qu'elle existe en Autriche, et l'aversion dont ils sont l'objet dans d'autres pays, sont de tristes épisodes de la lutte pour la vie. Mais, par sa nature même, une lutte de ce genre est la plus ardente, la plus acharnée qui se puisse concevoir. **Et du moment que le besoin d'un changement radical dans la situation se fait impérieusement sentir, il faut que l'on aille jusqu'au bout. Des demi-mesures n'aboutiraient à rien. L'opinion publique le comprend ; une fois soulevée, elle ne s'arrêtera plus. Elle sait que pour combattre efficacement la corruption des mœurs et le désordre moral dont souffre le pays, c'est aux auteurs de ce mal qu'il faut s'en prendre.** S'il n'en était pas ainsi, le génie du mal, favorisé par l'indifférence des citoyens, continuerait ses orgies.

Il s'est produit, toutefois, une scission déplorable au sein de ce vaillant parti de la résistance. Quelques-uns de ceux qui s'étaient ralliés n'ont pas su rester fidèles au programme initial. La politique s'en est mêlée ; les questions de nationalité, qui compliquent-tout, en Autriche, ont trouvé dans le mécontentement populaire, un élément favorable à leurs vues. Nombres d'antisémites ont déclaré hautement qu'à leur avis, c'était la race juive qu'il fallait combattre et non la religion israélite. Les fonds baptismaux, disent-ils, n'ont rien à voir avec le mouvement antisémite. Le Juif, même quand il abjure et se fait baptiser, reste toujours juif. Il faut combattre le judaïsme et les mœurs qu'il comporte. Voilà l'opinion d'une fraction radicale connue à Vienne sous le nom de « Rassen-Antisemiten. »

Celle-là même qui a donné naissance au racisme allemand.

Nombre de dissidents ne se sont pas arrêtés là. Pour des motifs d'ordre politique, la scission qui s'est opérée a pris une tout autre portée. Les socialistes-chrétiens ont conservé, dans l'ardeur de la lutte, avec plus ou moins de dévouement, les traditions du patriotisme autrichien, basées sur l'attachement à la maison régnante. Les nationalistes allemands, en revanche, s'en sont ostensiblement détachés. C'est l'allure qu'a prise notamment, dès la première heure, M. Schœnerer, le chef des nationalistes allemands. Les antisémites ne tardèrent pas à s'apercevoir qu'ils marchaient sous le drapeau de la Grande-Allemagne-Unie, à côté des séparatistes autrichiens. Ces antisémites, qui sont avant tout partisans du pangermanisme, ont pris pour devise :

« *Par la pureté de la race à l'unité.* »

Cette conception a triomphé avec Hitler.

Quoi qu'il en soit, l'antisémitisme est dans toute la force de son expansion, et le nombre de ses adhérents grossit de jour en jour. Jusqu'ici cependant il n'a pas obtenu des résultats bien décisifs. Il a simplement endigué l'influence des Juifs et rendu leur séjour en Autriche peu agréable. Mais il n'est pas parvenu encore à entamer sérieusement leur position.

Le côté le plus étrange dans cette situation, c'est que les Juifs, en dépit de la domination incontestable qu'ils exercent partout en Autriche, malgré les monopoles dont ils se sont emparés, en sont encore à se plaindre, dans leurs organes de publicité, des persécutions dont ils prétendent être victimes. L'un d'eux a eu l'incroyable audace de dire, tout récemment encore, que les Juifs ne peuvent pas se contenter de jouir des biens matériels qu'ils ont acquis :

« *Il leur faut encore l'estime des peuples qui les entourent.* »

C'était la thèse des journaux juifs en France, tels que Le Droit de Vivre, de Bernard Lecache, dont le nom seul est significatif.

Dans la lutte engagée depuis une vingtaine d'années, le dilemme se pose nettement comme suit : **Ou ce sont les Aryens qui doivent renfermer leurs oppresseurs dans les ghettos comme au moyen âge, ou bien ce sont eux qui y seront enfermés par les Sémites. L'égalité de situation ne peut pas exister entre Juifs et Chrétiens ; l'expérience l'a démontré.**

L'opinion est à peu près unanime, parmi les antisémites, à considérer comme une **condition essentielle et primordiale de l'émancipation des Chrétiens d'Autriche, aujourd'hui asservis, l'accomplissement des deux réformes suivantes** :

1° défense absolue à tous les Juifs étrangers d'entrer dans le pays ;
2° vote d'une législation spéciale pour ceux qui y sont déjà établis.

Ce sont là deux points fondamentaux du programme antisémitique, et l'on est généralement d'accord à reconnaitre que rien de sérieux ne pourra être fait tant qu'ils ne seront pas réalisés.

Enlever aux Juifs l'égalité des droits qui leur a été accordée en 1848, les soumettre à un impôt spécial, supprimer la Bourse des Grains, interdire les associations de cartels, exclure les Juifs de tous les emplois publics et de tous les journaux ; ne les admettre dans les hautes écoles qu'en nombre proportionnel au chiffre total qu'ils représentent par rapport à la population autrichienne, telles devraient être les bases de la nouvelle législation, réclamée par les antisémites, comme seule susceptible de résoudre la question.

C'est pour ne pas l'avoir appliquée que l'Autriche est morte et que la France est allée au désastre de 1940.

Les Juifs ont pleine confiance dans la durée de leur domination et comptent surtout sur le concours précieux de la Franc-maçonnerie et du Socialisme.

LES PLAIDOYERS POUR LES JUIFS

Les attaques véhémentes dont ils sont l'objet de la part des antisémites ne pouvaient pas laisser les Juifs indifférents. Leur silence aurait pu être pris pour un aveu ; or, s'avouer coupable, c'eût été renoncer volontairement à l'ascendant qu'ils ont pris dans la monarchie des Habsbourg. Ils ont, en conséquence, confié aux puissants organes de publicité dont ils disposent le soin de repousser avec énergie les reproches qui leur sont adressés de toutes parts et ces journaux ont le plus souvent recours à des moyens séditieux pour attaquer sous prétexte de défendre. Le langage qu'ils tiennent chaque jour n'a pas seulement en vue, en effet, de faciliter et de continuer l'œuvre d'absorption juive ; il tend surtout à jeter l'odieux sur les organisateurs de la résistance qui sont attaqués avec la plus grande violence dans de longues et ardentes diatribes.

Les arguments sur lesquels les cosmopolites insistent le plus ne sortent d'ailleurs pas du domaine des banalités « *Les Juifs*, nous dit-on notamment, *sont après tout des êtres humains ; or, quels que soient les hommes, il faut tâcher de vivre avec eux.* » Il y a incontestablement quelque chose de vrai dans cette philosophie du sémitisme seulement elle a l'inconvénient de ne répondre à rien :

Personne ne songe à inaugurer vis-à-vis des Juifs des mœurs d'anthropophages, on leur demande simplement de ne pas martyriser les autres, de ne pas les exploiter avec tant de férocité.

Personne ne songe à contester, d'ailleurs, que, parmi les Juifs autrichiens, il se rencontre des hommes sincèrement imbus des principes humanitaires et pratiquant sans la moindre arrière-pensée toutes les vertus viriles qui sont la gloire des peuples honnêtes, des populations dignes de respect. Mais il est constaté, par l'expérience des siècles, que chez les Juifs, les tendances mauvaises, les goûts de rapine et d'exploitation constituent la règle, tandis que chez les Chrétiens, ou pour mieux dire, chez tout ce qui n'est pas Juif, on ne les retrouve au contraire que de façon exceptionnelle. On peut même affirmer que les exceptions seraient encore plus rares **si le contact des Juifs ne devenait pas contagieux.** Ceux-là seulement peuvent renier leurs idées et leurs habitudes caractéristiques qui n'ont jamais eu de rapports avec eux.

Un des traits inhérents au caractère juif est notamment de chercher à tourner les lois, à côtoyer le Code, de façon à pouvoir commettre impunément les méfaits.

Les actes répréhensibles commis le plus fréquemment par les Juifs ont pour mobile la fraude, l'acquisition du bien d'autrui par des procédés illicites ; parmi ceux qui sont commis par les Chrétiens au contraire, il faut faire entrer en ligne de compte, dans un pourcentage assez élevé, les fautes causées par les passions humaines. Mais, en bonne conscience, leur culpabilité globale peut-elle être comparée à celle d'un seul banqueroutier qui a ruiné des milliers de personnes en abusant de leur confiance ?

L'antisémitisme n'aurait pas de racines si puissantes, s'il n'existait pas de sérieux motifs pour l'expliquer et le justifier.

Qui donc achète les maisons et les meubles des gens après les avoir ruinés ? Qui donne chasse le paysan de la chaumière de ses pères ? Qui excite les jeunes gens à la débauche ? Qui fait des banqueroutes frauduleuses ? Qui enlève à l'ouvrier les bénéfices de son travail ? Qui possède le talent de s'appuyer sur les passions politiques pour réaliser ses propres désirs et satisfaire ses intérêts ? Qui fait les coups de Bourse ? Qui donc enfin rêve le désordre et l'anarchie et pousse les partis à s'entre-déchirer par tous les moyens ? Le Juif, toujours le Juif, que l'on retrouve partout où il y a du mal à faire.

Dans un livre réputé : La Monarchie des Habsbourg, *l'écrivain anglais Wickham Steed, ancien directeur du* Times, *cite une remarquable lettre du fils d'un Juif autrichien et d'une mère non-juive, lettre écrite en 1905 de Budapest, qui traite de la question juive en Hongrie et confirme en tous points les assertions de Trocase. En voici un passage :*

« J'ai, au cours des années passées, compris jusqu'à un certain point (car comprendre entièrement le détail infini de ces bifurcations et ramifications sera toujours sans doute au-dessus de mes forces) **l'importance vitale de la question juive pour les nationalités et sa portée politique et économique…**

« Est-il donc vrai que cette race épuise le sol où elle accroche ses tentacules au point que, là où pousse cette orchidée, il ne reste plus qu'un tronc mort, là où travaille cette araignée, il ne reste plus qu'un cadavre exsangue ? Est-il vrai que toute la banque, toute l'organisation distributive, presque tout le commerce de détail et la plus grande partie de la terre sont aux mains des Juifs ; que le noble bourgeois laisse sa terre aux Juifs et que les paysans leur appartiennent corps et âme ; que par l'usure ils parviennent à arracher aux petits tenanciers tout leur avoir et qu'après avoir exploité de fond en comble la nation qui les abrite, ils se font alors les pourvoyeurs des faiblesses physiques et morales en exploitant pour finir la taverne et la maison publique ?

« *Si telle est ou à peu près la vérité,* il n'y a pas au sens propre, de question hongroise, il y a une question juive, et cette terrible race se propose non seulement de maîtriser une des plus grandes nations guerrières du monde, mais elle entend aussi, et déjà consciemment s'y efforce, entrer en lice contre l'autre grande race du Nord (les Russes), la seule qui se soit jusqu'ici dressée contre elle et ses visées de domination mondiale.

« *Est-ce que je me trompe ? Dites-le moi, car déjà l'Angleterre et la France sont, sinon sous la domination effective des Juifs, du moins bien près d'y être, tandis que les États-Unis, par les mains de ceux dont ils ne sentent pas l'étreinte, sont en train de passer lentement mais sûrement sous cette internationale et insidieuse hégémonie*[1]. *Rappelez-vous que je sais d moitié juif par le sang, mais que par tout ce qui est en mon pouvoir, je ne le suis pas, J'admire leur force, leur constance, leur intelligence ; mais* **je hais le Juif parce que de sa nature il est le mal, tandis que l'Aryen est de sa nature le bien**[2]. »

Dans les congrès socialistes, les Juifs et leurs acolytes affirment hautement que l'antisémitisme n'est qu'une des formes de la réaction.

« *Il suffit pour s'en convaincre,* disent-ils, *de constater que, partout où il se produit, l'antisémitisme a des origines exclusivement cléricales et féodales.* »

Partant de là, et tout en repoussant avec énergie la guerre de race faite aux Juifs, ils proclament l'existence d'une classe exploitante et d'une classe exploitée, puis lis concluent à la nécessité de la lutte entre les classes. C'est d'une logique peu serrée, puisque les classes exploitantes sont celles qui

---

1. Les trois grandes démocraties.
2. Henry Wickham STEED, *La Monarchie des Habsbourg*, p. 262-263. Paris, Armand Colin, 1914.

s'enrichissent sans travailler, et dont les Juifs sont les principaux représentants. C'est un affreux mensonge que de représenter le mouvement antisémite comme n'étant pas dirigé contre les plus dangereux et les plus insatiables des exploiteurs. En présence de ce qui s'est passé en Autriche, et ce qui s'y passe tous les jours, c'est nier l'évidence.

Le Juif, quoi qu'il fasse, ne peut pas modifier sa nature ; et de même que les Nègres ne peuvent pas blanchir la couleur de leur peau, il ne peut pas se métamorphoser de façon à prendre la manière d'agir, de sentir et de penser d'un Aryen.

Les Autrichiens judéophiles se divisent en plusieurs catégories. La plus nombreuse est celle des ouvriers socialistes, habitués à suivre aveuglément ceux qui crient le plus fort. À eux viennent se joindre tous ceux qui se laissent prendre par des phrases.

Une troisième catégorie se compose des gens timorés et craintifs, qui n'osent pas résister en face aux attaques et aux fourberies d'Israël, ou qui, ne connaissant pas encore eux-mêmes les dangers du Judaïsme, pensent qu'ils n'ont pas besoin de s'en préoccuper, ils agissent en cela comme celui qui croirait n'avoir rien à redouter de l'incendie, parce qu'il n'est, déclaré que dans la rue voisine.

Enfin viennent les gens sans conscience qu'on a ralliés pour de l'argent ou des sinécures, auxquels on a fait entrevoir un avantage personnel, le clan des Judéophiles se complète par la fraction des hommes de bonne foi, sincèrement pénétrés des sentiments de la solidarité humaine.

Pour que leurs efforts réunis puissent aboutir à un résultat, pour que l'antisémitisme disparaisse en Autriche, il faudrait avant tout que les Juifs renoncent à la haine insensée qui les anime contre tous ceux qui ne leur ressemblent pas ; il faudrait qu'ils se résignent à respecter les lois de la nature défendant l'usure, l'abus de confiance, le vol, la fraude. S'ils ne veulent pas reconnaitre la loi du Christ, qu'ils renoncent au moins aux enseignements rabbiniques pour revenir aux enseignements du mosaïsme. Alors, mais seulement alors, ils cesseront d'être un danger pour les peuples chrétiens, une véritable plaie pour les nations qui leur ont donné asile et conféré les droits de citoyens.

LES JUIFS
SERONT-ILS MAÎTRES DE L'EUROPE ?

*I*L a plu aux Sémites, dans leur agitation incessante, de saper les bases de la vieille Société. Ils ont créé de toutes pièces la question sociale et l'ont posée sous son aspect le plus effrayant. Le Judaïsme travaille actuellement avec tant de force et tant d'ardeur, il s'efforce d'imprimer avec tant de zèle une nouvelle direction à la civilisation moderne, que certaines couches sociales se laissent peu à peu pénétrer inconsciemment par son esprit. **On assiste à une lutte sourde entre deux courants, celui de l'ordre, basé sur les mœurs chrétiennes, et celui d'un bouleversement qui mettrait le monde en face de l'inconnu.** L'on peut, en effet, envisager de deux façons différentes la solution de la question sociale : soit par la réforme progressive et pacifique à l'aide de législations préventives, soit par la révolution. Qui l'emportera, du développement pacifique de l'humanité ou de la poussée des puissances du mal, provoquant de sanglantes, d'interminables orgies ?

Le socialisme, tel qu'il se dessine aujourd'hui à l'horizon des destinées humaines, n'est, sous certains

rapports, qu'une habile combinaison des préceptes rabbiniques, des aspirations que le Talmud a léguées à ceux qui en professent les croyances. La Juiverie s'est sentie menacée par la divulgation de ses doctrines favorites, jusque-là tenues secrètes ; elle s'est sentie menacée dans sa domination, dans ses richesses, peut-être même dans son existence. Elle a cherché un dérivatif en dirigeant indistinctement contre la propriété en général les plaintes et les revendications populaires. *Divide et impera.*

Déchaîner les passions contre la noblesse, le clergé et la bourgeoisie chrétienne, en s'efforçant de démontrer à quel point est inégale la répartition de la fortune ; **présenter aussi la richesse juive comme me formant qu'un anneau dans la chaîne des iniquités sociales, là gît la tactique du socialisme juif.** Tout naturellement, il s'est empreint, à cette occasion, de l'esprit de domination tendant à réaliser les vieilles prophéties qui ont annoncé le règne d'Israël. C'est ainsi que les Juifs, pour arriver à leurs fins, ont été conduits à chercher dans les masses aveuglées, fanatisées, un contrepoids à la puissance incontestable de l'esprit chrétien. C'est ainsi qu'ils ont tenté de lutter contre l'organisation de l'État, telle que l'avait constituée l'expérience des siècles. **Que les nations se déchirent entre elles, c'est là le rêve du Juif, qui veut les faire aboutir à un cataclysme social. En se rattachant à la démocratie sociale, il a cru que c'est de ce côté qu'il trouverait le mieux sa voie, et qu'avec son aide il parviendrait plus sûrement à la domination du monde. Dans cet aperçu psychologique réside l'idée maîtresse qui anime et dirige de nos jours les plus redoutables révolutionnaires.**

À l'appui de ce que dit ici Trocase, citons pour en prendre un, un parmi tant d'autres, le texte suivant écrit dans un hebdomadaire juif de Londres, le Jewish World, *à une époque où la question juive semblait un souvenir révolu des âges obscurantistes, courtes phrases pleines d'onction humanitaire, mais redoutables par ce qu'elles annonçaient, à qui aurait su les comprendre.*

Le Jewish World *(février 1883), disait donc :*

« La disparition des Juifs a fait d'eux un peuple cosmopolite. Ils sont le seul peuple vraiment cosmopolite et, en cette qualité, ils doivent agir et **ils agissent comme un dissolvant de toute distinction de race ou de nationalité** » *(sauf la leur.)*

« *Le grand idéal du Judaïsme n'est pas que les Juifs se rassemblent un jour dans quelque coin de la Terre pour des buts séparatistes,* **mais que le monde entier soit imbu de l'enseignement juif et que dans une fraternité universelle des Nations — un plus grand judaïsme en fait — toutes les races et religions séparées disparaissent.**

« **En tant que peuple cosmopolite les Juifs font plus. Par leur activité dans la littérature et dans la science, par leur position dominante dans toutes les branches de l'activité publique, ils sont en train de couler graduellement les pensées et les systèmes non-juifs dans des moules juifs.** »

Une sanglante expérience nous a appris à nos dépens ce qu'il fallait penser de cette « Fraternité universelle des Nations » de ce « Grand Judaïsme » où toutes les races et religions disparaissent et, avec sa clairvoyance de grand visionnaire, Trocase l'avait bien senti lorsqu'il écrivait :

La question qui se pose peut donc se formuler en ces termes : Les Juifs deviendront-ils les maîtres de l'Europe ? Pour ceux qui savent, pour ceux qui pensent, les scènes dont nous sommes témoins prennent un sens tout autre, quand elles apparaissent sous leur jour exact, avec leur physionomie véritable.

Reconnaissons-le d'ailleurs : les circonstances politiques et sociales au milieu desquelles se débat l la vieille Europe offrent aux Juifs des moyens d'action hors de pair. Le terrain de la lutte semble avoir été préparé exprès pour eux dans les conditions les plus favorables. Aussi, avec les ressources dont ils disposent, deviennent-ils aisément les maîtres de la situation. L'Alliance israélite veille ; elle a dans tous les pays des agences et des succursales qui enlacent la terre entière dans un réseau aux Mailles serrées.

Bref, dans son ensemble, la situation est telle, que l'un des Juifs les plus modérés de Vienne, le docteur Louis Ernst, n'a pas hésité à écrire textuellement, dans une brochure qui, d'ailleurs, n'a pas été confisquée :

« Les Juifs, pour peu qu'ils sachent demeurer unis, sont assez forts pour que personne ne puisse les empêcher de ruiner les États, d'arrêter le commerce, de suspendre toutes les affaires ; et, comme ils sont répandus sur toute la surface du globe, ils peuvent jeter sur un État quelconque un tel discrédit qu'il soit absolument entravé dans son action. Les gouvernements les plus puissants me seraient pas en situation de résister vingt-quatre heures s'ils avaient contre eux toute la race juive. »

En présence de pareilles affirmations (qui rappellent étrangement les Protocoles) et qui n'ont point été démenties, n'est-il pas aisé de comprendre l'audace et l'arrogance de certains membres de la communauté israélite ? Quel l'on réfléchisse à l'effet que doivent produire de tels exposés de situation qui proclament à la face des nations civilisées la toute-puissance des Juifs à l'égard des États les plus forts, et qui sont cependant tolérés. Puis, qu'on se souvienne en lisant cette déclaration de guerre si peu déguisée que l'Église catholique, signalée comme la principale ennemie des Juifs a été au contraire, durant tout le moyen âge, leur seule protectrice, les a, seule, plus d'une fois sauvés d'une complète extermination.

De nos jours encore, l'on est certain de se heurter contre les résistances du Saint-Siège et de porter atteinte à ses traditions lorsqu'on se place, dans la lutte contre le Judaïsme, sur le terrain de la diversité des races. Les Chefs de l'Église condamnent résolument les doctrines israélites ; mais Ils ont toujours protesté contre les guerres de race. Il n'en est pas moins vrai que dans tous les écrits émanant des Juifs, qu'ils rentrent dans le domaine de la littérature proprement dite ou celui du journalisme quotidien, l'on retrouve constamment la tendance à étouffer le Christianisme pour mettre le judaïsme au premier plan. L'instinct de la domination est si fort chez les enfants d'Israël qu'il leur faut mettre en oubli le souvenir des services rendus. Ils ne songent plus qu'à écarter tout ce qui peut leur faire obstacle.

Pourquoi, en effet, ces attaques continuelles contre les principes régénérateurs de la religion chrétienne, pourquoi ces assauts livrés à l'autorité civile et bien plus encore au militarisme, pourquoi ces excitations continuelles adressées aux classes laborieuses contre les sphères de la société ? Tout cela, bien évidemment, rentre dans un plan préconçu. C'est **un système savamment étudié pour substituer le règne de l'argent à celui des idées religieuses, conservatrices des bases sociales.** Les Juifs mettent le feu à la maison, espérant qu'au milieu de la conflagration générale, un nouvel ordre de choses prendrait naissance, et qu'ils seraient seuls à en profiter.

Que l'on parcoure l'histoire de la franc-maçonnerie en Autriche de 1743 à nos jours. L'alliance entre les Maçons et les Juifs s'est affirmée dès le début. Ce sont les Juifs qui ont joué, dès la première heure, le rôle dirigeant dans la franc-maçonnerie, de même que dans le faux libéralisme qui en

est l'allié(3). Quand aura sonné l'heure de l'épreuve suprême, quand le fruit sera mûr, le peuple d'Israël trouvera, sans doute, moyen d'affirmer plus que jamais son unité de race. Les Juifs libres-penseurs d'aujourd'hui nous ont déjà prévenus que, pour eux aussi, au moment décisif, les leçons du Talmud seront sacrées. Mais qu'ils y prennent garde. Il ne surgira peut-être pas alors de nouveau Josué pour arrêter, non plus cette fois la marche du Soleil mais l'explosion de la colère des peuples.

Déjà l'antisémitisme gronde dans le monde entier.

C'est, nul ne l'ignore, la croyance à la venue d'un Messie qui sépare surtout les croyances israélites des doctrines chrétiennes. N'ayant pas voulu confesser la divinité du Christ, ils attendent, comme Ils attendaient déjà il y a deux mille ans, un rédempteur qui ne devait d'ailleurs venir que pour eux et n'accomplir l'œuvre de salut qu'à leur profit. **Ce qu'ils espèrent, ce qu'ils croient devoir attendre, c'est la fondation d'un Empire messianique sur la terre.**

Les Juifs ont cru y arriver par le Bolchevisme.

---

3. A ce sujet, citons l'intéressante note suivante qui montre les rapports des premiers Rothschild avec la F∴ M∴ il s'agit d'une lettre de Gœhausen à Haser lors du Congrès de Vienne :

 « *Il lui rend compte qu'il s'est assuré les services gratuits du secrétaire général de la police de Francfort, Leverey (ou Severey) et lui indique les adresses pour correspondre sûrement.* »

Leverey lui a envoyé la liste (jointe à son rapport) des F∴ F∴ de la loge l'Aurore Naissante, de Francfort, à laquelle appartient entre autres Salomon Mayer Rothschild, banquier de la Cour.
(Commandant M. H. WEIL — *Les Dessous du Congrès de Vienne*, librairie Payot, 1917. — D'après les documents originaux des archives du ministère impérial et royal de l'Intérieur à Vienne, pages 419 et 420. Vienne, 6 nov. 1814. F. 34468 et 3565.)

LES JUIFS SERONT-ILS MAÎTRES DE L'EUROPE ?

Le printemps de 1919 fut un tournant de l'histoire du monde : le sort de la civilisation occidentale s'est joué pendant ces quelques mois. La vague rouge qui déferlait d'Est en Ouest semblait tout balayer devant elle. La Russie bolcheviste servait de quartier révolutionnaire général ; la Hongrie était bolchevisée avec Bela Khun ; la révolution faisait rage en Allemagne ; partout on s'y battait férocement ; les communistes spartakistes étaient maîtres de Munich, le socialisme s'était implanté à Vienne, les Balkans étaient contaminés et l'Italie était à la veille d'une révolution sanglante.

Cette terrible période d'après-guerre qui manqua de peu voir le triomphe mondial du bolchevisme et l'écroulement de la civilisation occidentale est considérée par Israël comme une ère messianique triomphale atténuée seulement par le souvenir de quelques pogromes *ainsi qu'en témoigne cette citation juive qui nous montre d'une façon saisissante l'irréductible antagonisme séparant nos conceptions des conceptions juives :*

« *En dépit des épouvantables progromes qui éclatèrent d'abord en Pologne, puis dans des proportions inouïes en Ukraine et qui coûtèrent la vie à des dizaines de milliers des nôtres,* **le peuple juif considérait l'après-guerre comme une ère messianique.**

« **Et Israël — en ces années 1919-1920 — clama son allégresse en Europe orientale et méridionale, en Afrique du Nord et du Sud, et le plus intensément en Amérique.** »

(Léon Motzkine, président du comité des délégations juives, article : La minorité juive et la S.D.N. Paru dans « les Juifs », brochure luxueusement illustrée, publiée à Paris en 1933 par Lucien Vogel.)

Notons que ces lignes sont écrites dans un ouvrage de propagande publié à la gloire d'Israël pour protester contre la politique antisémite d'Hitler. De pareils textes justifient au contraire la nécessité impérieuse de mesures de défense contre les Juifs.

Sous le titre « L'après-guerre, politiciens juifs », ce même numéro reproduit côte à côte (page 71) les photos de Trotsky,

– 95 –

le terroriste russe, Litvinov, dirigeant des affaires étrangères soviétiques, Lord Reading (Rufus Isaac), vice-roi des Indes, et Bernard Baruch, banquier international, conseiller financier du président Roosevelt. Cette page illustre bien l'alliance juive de la finance de la politique et de la révolution.

Mais reprenons Trocase :

Dans cet empire messianique que les Juifs appellent de leurs vœux, Ils seraient naturellement les maîtres ; et tous les peuples « impurs », c'est-à-dire non juifs, leur seraient soumis. C'est ainsi qu'ils comprennent et expliquent les prophéties. Dans leur aveuglement volontaire, Ils oublient que tout ce qui a été prédit autrefois par les prophètes s'est accompli lors de la venue du Christ.

Le peuple d'Israël, qui se glorifie d'être le « peuple élu » emploie de singuliers procédés pour justifier de la faveur dont il fut l'objet à une certaine heure. Après une phase de quatre mille ans, il se place aujourd'hui à la tête de l'aristocratie de l'argent, de l'internationale de l'or, et en même temps de l'Internationale rouge.

Sous prétexte de lutter pour le progrès de l'humanité, et sous le couvert du progrès des sciences techniques, les Juifs poursuivent avec leur ténacité habituelle l'œuvre de destruction qu'ils ont entreprise. Ils sont constitués, vis-à-vis des chrétiens, à l'état d'ennemis irréconciliables et acharnés, qui ne songent qu'à détruire leur foi, à corrompre leurs mœurs, à sucer le sang des peuples, afin de pouvoir les réduire à la misère, les dominer plus aisément ensuite et en faire des légions d'ilotes. **Ils s'engagent dans cette voie sous le couvert du mouvement socialiste ... Le cœur saigne au spectacle de cet immense mensonge.**

Quant au programme absolument insensé, pratiquement inexécutable du parti socialiste et de ses meneurs juifs, on ne saurait s'y opposer d'une façon trop énergique. Il n'aboutirait à rien moins, en effet, qu'à une véritable boucherie humaine. C'est là une de ces tentatives monstrueuses que la conscience réprouve avec une véritable horreur.

Partout où le socialisme Judéo-marxiste a triomphé, la boucherie humaine prévue par Trocase s'est effectivement produite, en Russie, en Hongrie, en Espagne et ailleurs.

La race juive qui a survécu à tant de peuples disparus de la surface du monde sans laisser aucune trace, se compose aujourd'hui, pour la presque totalité, de dégénérés qui sont au fond de véritables malades. Leur état moral se caractérise tout spécialement par un sentiment exclusif de tous les autres, par une pensée constamment tendue vers les mêmes préoccupations.

L'esprit de gain, le désir de domination chassent de leur intelligence toute autre pensée, toute affection, ce qui est, comme on le sait, le signe caractéristique d'une idée obsédante. Les troubles secondaires qui s'en dégagent, comme la passion obscène pour les jeunes filles chrétiennes, la cruauté envers les pauvres, l'esprit vindicatif, sont les symptômes épisodiques de l'état maladif. Les efforts accomplis en vue de mettre la main sur le monde entier, de se rendre les maîtres de l'Europe, sortent pareillement de ce fond, et complètent l'ensemble des manifestations de la dégénérescence morale.

Les Juifs ne tiennent pas compte des avertissements qui leur arrivent de toutes parts. L'orage gronde parfois longtemps avant d'éclater. L'Autriche, le seul pays qu'ils aient réussi à dominer de façon complète, n'a pu résister à leur contact,

elle est en pleine dislocation. Cependant la réaction se produit. Il a suffi qu'un certain nombre d'hommes courageux, dévoués à la grande cause de l'humanité montrent à ces malheureux peuples le chemin du salut pour qu'ils se sentent l'énergie de secouer leur torpeur et de marcher vaillamment à la délivrance. Le réveil du sentiment nationaliste, coïncidant avec la révolte contre l'oppression dont le pays souffre depuis si longtemps achèvera de les guider vers des destinées plus prospères.

La guerre arrêta ce mouvement de renaissance. La défaite des Empires centraux et la chute des Habsbourg porta officiellement les Juifs au pouvoir. Le mouvement antisémite, comprimé par les gouvernements marxistes, crût en profondeur et contribua fortement au triomphe des Nazis autrichiens, après avoir porté Hitler à la tête de l'Allemagne.

Cette diversion était nécessaire pour montrer que la encore les prévisions de Trocase ont été justifiées par les événements. Reprenons maintenant la suite de son exposé :

La destinée sociale des peuples européens dépend, selon toute apparence, de l'attitude que prendra la Russie dans la question juive. Le nombre des Juifs domiciliés en Russie s'élève à plus de quatre millions et demi, soit environ les deux tiers de la population israélite en Europe. Réunis à ceux de l'Autriche-Hongrie, ils constituent environ les trois quarts des Juifs européens. **Le jour où ils seraient émancipés, et où par conséquent la Russie serait révolutionnée par le libéralisme, ce serait la fin d'un monde. En se jetant en effet sur l'Europe, ces millions de Juifs opéreraient enfin le cataclysme qu'ils préparent depuis si longtemps. C'est la précisément ce qui explique les efforts de ceux qui restent, en Russie, soumis a des lois d'exception.**

LES JUIFS SERONT-ILS MAÎTRES DE L'EUROPE ?

Le cataclysme s'est produit avec le bolchevisme juif et il a amené la fin d'un monde. Rappelons ici un texte qui confirme à vingt années d'intervalle les hallucinantes prédictions de Trocase. Peu de temps après la prise du pouvoir bolcheviste, le ministre de Hollande, M. Oudendyke, représentant des intérêts anglais en Russie, envoya à M. Balfour le rapport suivant, dont voici un extrait véritablement prophétique ;

« Je considère que la suppression immédiate du bolchevisme est actuellement la tâche la plus importante du monde, plus importante même que la guerre qui continue à faire rage. À moins que, ainsi que je l'ai déjà dit, le bolchevisme ne soit étouffé immédiatement dans l'œuf, il se répandra sous une forme ou sous une autre en Europe et dans le monde entier, car il est animé et organisé par des Juifs qui n'ont pas de nationalité et dont le seul but est de détruire, dans leur propre intérêt, l'ordre de choses actuel ; la seule façon d'écarter ce danger, serait une action collective de la part des puissances. »

Le rapport de M. Oudendyke, transmis par Sir M. Finlay, est daté du 17 septembre 1918.

Ce rapport fut publié dans le Livre Blanc anglais.

On avait déjà commencé à le distribuer aux hommes politiques lorsque les envois furent arrêtés ; sous prétexte de corrections, on réclama leur exemplaire à ceux qui l'avaient déjà reçu et **une nouvelle édition abrégée fut substituée à la première. Tous les passages ayant trait au rôle juif, dont le texte ci-dessus, avaient été supprimés.**

Dans l'empire d'Allemagne, écrivait encore Trocase, les Juifs sont relativement peu nombreux. Ils ne sont que 600.000 ; comme partout où ils ont reçu les droits de citoyens, ils y ont accaparé en peu de temps l'activité sociale. Toutefois, les choses sont loin d'être aussi avancées en Allemagne qu'elles le sont en Autriche-Hongrie. **La discipline nationale des Allemands oppose aux Israélites, dans les limites du possible, une digue formidable qu'il n'est pas aisé de franchir.**

Et après quinze années de luttes sanglantes, elle a finalement triomphé avec Hitler.

Après l'Autriche, sera-ce la France qui apparaîtra comme la victime désignée des maximes rabbiniques ? Est-ce l'histoire de notre belle France qui s'est inscrite en lettres de feu dans les annales de la monarchie des Habsbourg ? Le plupart des Juifs que l'on rencontre dans les rues de Paris sont des types d'Israélites autrichiens ou polonais. Le nombre de ces envahisseurs d'un nouveau genre augmente sans cesse, et, ce que personne n'aurait cru possible, il y a peu de temps encore, ils ont trouvé moyen d'ameuter une partie de la nation contre l'armée sortie de ses entrailles. **C'est oublier trop aisément ce que le sentiment populaire a si bien compris, à savoir que la désorganisation de l'armée serait la fin de la France.** Mais cette œuvre néfaste, espérons-le, ne s'accomplira pas jusqu'au bout. **La France se ressaisira en temps utile sous l'impulsion bienfaisante de tous ceux qui considèrent comme un devoir sacré d'éclairer l'opinion. Si l'Autriche, dès le début de l'invasion juive, avait eu, pour se guider, sur le terrain de la résistance, des écrivains aussi éloquents, aussi patriotes que les antisémites français, elle ne nous offrirait pas aujourd'hui le triste spectacle de 34 millions de Chrétiens absorbés par un travail assidu pour nourrir ou enrichir 2 millions de Juifs qui ne travaillent pas. C'est ce qui nous fait espérer que les Français ne seront pas réduits au même sort que les Autrichiens.**

LES JUIFS SERONT-ILS MAÎTRES DE L'EUROPE ?

Les avertissements désespérés de certains écrivains, dont nous sommes, n'ont servi à rien. La France ne s'est pas ressaisie et, entrée à son tour dans le cycle de la corruption juive, elle a suivi de près la chute de l'Autriche et s'est abîmée dans le désastre de 1940. Trocase a été trop bon prophète :

« L'histoire de notre belle France s'était inscrite en lettres de feu dans les annales de la monarchie des Habsbourg. »

« LA FRANCE ENCHAÎNÉE »

Oh ! Jehovah ! nous sommes foutu s'« il » la déchaîne !

(Dessin de Ralph Soupault)

RÉSUMÉ ET CONCLUSIONS

MALHEUREUSE Autriche ! Malheureux Empire ! En comparant sa situation actuelle avec celle qu'il occupait en Europe il y a trente ans, il est aisé de voir, dès le premier coup d'œil, à quel point il est tombé et de mesurer tout ce qu'il a perdu en prestige, en puissance réelle, en cohésion.

Étape par étape, les Juifs, depuis 1848, ont suivi leur marche progressive ; ils ont concentré entre leurs mains toutes les ressources matérielles de l'Autriche et de la Hongrie. La finance, la presse, les influences politiques, tout leur appartient. Le commerce en gros et la grande industrie constituent pour eux un domaine incontesté, de même qu'une partie très notable du commerce de détail et de la petite industrie. Les terres tombent peu à peu entre leurs mains. Ils ont pris hypothèques sur les immeubles qu'ils n'ont pu acheter. Ce sont eux qui encaissent la plus grosse part des intérêts de la Dette d'État ou des valeurs privées. Ils font et défont, à l'aide de leurs journaux, les réputations littéraires, artistiques et autres ;
… Ils exercent sur ceux des Autrichiens qui ont su résister à leurs attaques une sorte de boycottage économique, en les privant de toute clientèle et de tout crédit. Ils fixent le prix de tous les objets alimentaires, falsifient les vivres, favorisent

l'alcoolisme. Chaque année ils expulsent en moyenne 10 à 12.000 paysans de leurs fermes, excitent le public au jeu de Bourse et font aboutir toute chose à leur seul divinité : l'Argent. Enfin ils ont porté atteinte aux sentiments religieux du peuple, et ont couronné leurs exploits en détruisant la famille, en anéantissant le patriotisme.

L'horreur qu'a inspirée aux populations le lamentable spectacle des ruines amoncelées par tant d'excès les a rendus d'autant plus accessibles aux suggestions de ceux qui lui présentent le culte du nationalisme comme le seul moyen d'arriver à un avenir plus prospère. **La puissance juive n'avait pu grandir qu'à l'abri des luttes intestines qui, en émiettant les forces vives du pays, avaient laissé le champ libre aux fauteurs des troubles économiques…**

C'est l'histoire du Front Populaire en France de 1936 à 1938.

Du jour où ces forces éparpillées ont tenté de se réunir, la bataille s'est engagée terrible et sans merci… Mais la lutte de races fait toucher du doigt l'abîme vers lequel l'Autriche se trouve entraînée par cette guerre civile à l'état latent et les influences contradictoires qui se dégagent des luttes d'intérêts entre nationalistes, judaïstes, socialistes et autres sont arrivées à un tel degré d'intensité que, dans un moment critique, il sera absolument impossible de grouper les suffrages, par les soins de la presse, vers le salut de l'État, qui, dans un pays autrement constitué, devrait être le but unique.

Nous étions arrivés là en France. En 1938, sous le régime judéo-maçonnique de front populaire, nous avons été sans ministère au moment de la grave crise internationale de l'Anschluss.

Comme institution gouvernementale, l'État autrichien est en pleine décadence. Un pays envahi peut se relever ; nous l'avons vu maintes fois au cours de ce siècle. Un pays divisé par les luttes intestines, et donnant à des ennemis bien disciplinés le spectacle de ses discordes, joue son existence, tout en conservant cependant quelques chances de salut. Mais un pays ainsi divisé doit fatalement périr quand il est en même temps poussé au désespoir par la faim, et que le peuple se demande, dans l'éventualité d'un appel aux armes, au profit de qui ou de quelles causes on voudrait lui prendre sa vie.

Le mal dont souffre la monarchie, dont elle périt lentement, ne comporte pas de remède, c'est la décomposition.

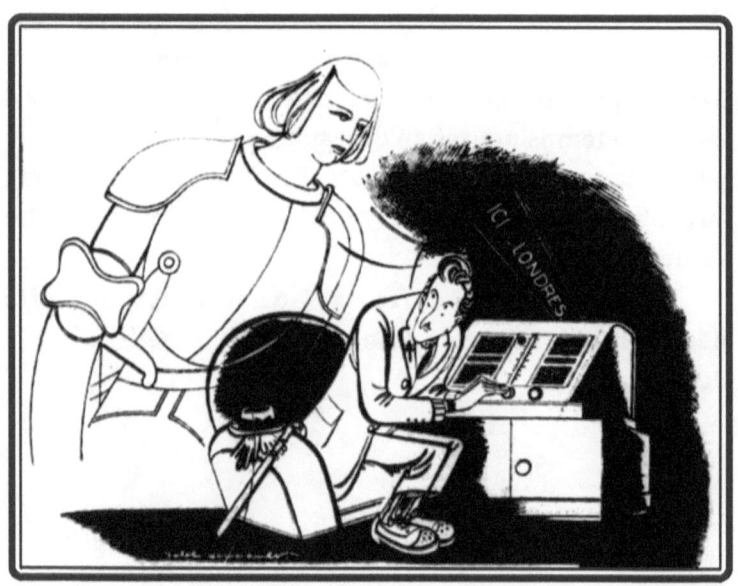

— Moi aussi, j'entends des voix...

— Possible, mais les miennes étaient bien françaises...

(Dessin de Ralph Soupault)

LA FIN DE L'AUTRICHE-HONGRIE

*A*INSI *s'achève le livre de Trocase. Voyons maintenant brièvement les phases historiques de la fin de l'Autriche-Hongrie.*

À la chute de la monarchie l'Autriche fut dissociée et la Social-Démocratie judéo-marxiste ayant pris officiellement le pouvoir l'occupa de 1918 à 1934.

Le 20 octobre 1916, le Juif Frédéric Adler, fils de Victor Adler, et comme lui dirigeant du parti socialiste, assassina le comte Sturgkh, président du conseil, au cri de « A bas l'absolutisme, nous voulons la paix ».

Il fut condamné à mort, mais l'empereur Charles, qui venait de monter sur le trône, commua sa peine en dix-huit années de détention. En 1918, une amnistie générale le mit en liberté et il sortit de prison pour voir l'effondrement des Habsbourg et l'arrivée au pouvoir de la Social-Démocratie dirigée par son père, Victor Adler.

Ce dernier mourut trois semaines plus tard, la veille même du jour où fut proclamée la république autrichienne.

L'homme qui lui succéda fut son élève et son compagnon, le docteur Otto Bauer, originaire d'une famille d'industriels israélites de Brunn, en Moravie, A la mort de son maître, il devint l'animateur et le théoricien du Parti.

« Encore un Juif ! je n'y puis rien. Et ce n'est vraiment pas ma faute si en Russie, en Hongrie, en Allemagne, en Autriche, dans toutes les tentatives pour imposer à l'Europe, une conception communiste ou socialiste de la vie, on retrouve toujours et partout, l'esprit et la main d'Israël. Il y a là une sorte de fatalité historique, que Karl Marx n'avait pas prévue — lui qui en a prévu tant d'autres qui ne se sont pas réalisées (4). »

Entre temps, l'ancien empire d'Autriche-Hongrie fut détruit par le traité de Versailles.

« Pour Wilson, Lloyd George et Clemenceau, ces trois hommes d'État protestants et libres-penseurs, l'Autriche, qu'elle fût ou non gouvernée par des sociaux-démocrates, figurait au centre de l'Europe quelque chose qu'il fallait détruire : la dernière force catholique. Ils préférèrent laisser l'Allemagne intacte et même la renforcer dans son unité morale, et porter tous leurs soins à disloquer cette monarchie des Habsbourg qui n'était pas sans défaut mais qui restait cependant, comme on le voit bien aujourd'hui, ce qu'il y avait de plus raisonnable pour la bonne économie des États Danubiens (5). »

« Sur le compte de l'Autriche, en effet, la révolution ne s'était jamais trompée. La haine, comme l'amour, à l'instinct de ce qui lui est intrinsèquement opposé…

« C'était à elle qu'on en voulait le plus. Elle représentait par excellence le catholicisme, l'ancien régime, le concept personnel de la propriété opposé au concept social du capitalisme, le vestige du Saint-Empire, l'idéal d'une chrétienté hiérarchisée sous le même sceptre, tout ce que l'on considérait comme la barbarie (6). »

---

4. J. & J. THARAUD — *Vienne-la-Rouge*, p. 70. Ed. Plon, Paris.
5. J. & J. THARAUD — *Vienne-la-Rouge*, p. 84. Ed. Plon, Paris.
6. E. MALYNSKI — *La Grande Conspiration Mondiale*, p. 219.

L'Autriche-Hongrie fut donc détruite et la petite Autriche survivante fut, quinze années durant, aux mains de la Social-démocratie marxiste. Ses trois dirigeants : Olto Bauer (politique) Janus Deutsch (organisation militaire du parti) et Breitner (finance), Juifs tous trois, instaurèrent à Vienne une vaste expérience socialiste qui malgré les nombreux emprunts extérieurs ruina la capitale.

« 40 % des impôts servaient à payer les fonctionnaires de la municipalité ; le reste passait à l'entretien de ces œuvres sociales, dont quelques-unes étaient utiles, mais un grand nombre superflues. Chaque année, des sommes énormes étaient ainsi soustraites à des besognes productrices. Dans les quartiers élégants de Vienne, on ne comptait plus les faillites ; et autour de la ville, une ceinture d'usines à l'abandon, ou jamais achevées, faisaient et font toujours un contraste saisissant avec les immeubles ouvriers et toutes les constructions grandioses de la Social-démocratie. Le chômage augmentait du même mouvement, qui accablait la bourgeoisie sous le poids des impôts. Vienne était devenue une cité modèle ; mais à force d'être bien administrée, la ville était ruinée à fond [7]. »

« Quand je réfléchis à l'histoire de la municipalité viennoise, je ne puis m'empêcher de songer à la Palestine. Ici et là, même artifice. Avec des ressources, qu'on n'a pas créées soi-même, mais qu'en Judée on tire de l'Amérique, et en Autriche de la poche des bourgeois, on fait quelque chose d'étonnant, un palais d'exposition. Seulement, que l'Amérique cesse d'envoyer des dollars, ou que la bourgeoisie à bout de souffle cesse d'envoyer son argent, le mirage s'évanouit, tout s'effondre [8]. »

Ed. Cervantès, Paris.
7. J. & J. THARAUD — *op. cit.*, p. 123.
8. J. & J. THARAUD — *op. cit.*, p. 124.

Toutefois, alors que Vienne restait socialiste, la campagne autrichienne devenait de plus en plus catholique et conservatrice. Devant le péril marxiste il se créa un puissant mouvement conservateur, les « Heimwehren » dirigé par le prince Starhemberg.

À Vienne même, devant les mauvais résultats de leur administration, les socialistes perdirent du terrain. Dollfuss fut nommé chancelier et se mit aussitôt à instaurer des réformes politiques et sociales qui prenaient le contre-pied du marxisme.

En passe de perdre complètement le pouvoir, les socialistes organisèrent un soulèvement qui avait été préparé de longue date. La grève générale fut le signal de l'insurrection qui éclata en février 1934. En trois jours, le gouvernement, appuyé par les Heimwehren, fut maître de la situation et le marxisme définitivement écrasé (il y eut à Vienne environ 300 morts). Dès que les choses firent mine de se gâter, les deux dirigeants juifs du parti, Julius Deutsch et Otto Bauer, prirent la fuite et se réfugièrent à l'étranger, laissant leurs troupes se débrouiller comme elles le pourraient.

Ainsi finît la social-démocratie autrichienne.

On connaît la suite : la mort de Dollfuss, la nomination du chancelier Schusschnigg, la retraite du prince Starhemberg de toute activité politique, la lente montée des Nazis soutenus par Hitler et appuyés sur le sentiment antisémite du peuple, enfin l'Anschluss .

L'invasion juive en France. La décomposition intérieure du pays par le Front Populaire du Juif Léon Blum. La deuxième guerre mondiale. Le désastre.

Au soir du 24 juin 1940, le cycle était achevé et toutes les prophéties de Trocase enfin réalisées.

CONCLUSION

*U*n Français inconnu, F. Trocase, après avoir étudié la question juive, a su prévoir et annoncer un demi-siècle à l'avance tous les événements de la politique internationale tels qu'ils se sont effectivement réalisés.

Le cas n'est pas unique, d'autres observateurs se sont penchés sur le même problème et ont pu prévoir dans ses grandes lignes la marche des événements. Faut-il rappeler les noms de Gougenot des Mousseaux, Toussenel, La Tour du Pin, Drumont. Nous-mêmes enfin, depuis 1928, dans nos ouvrages et surtout depuis 1937, dans la revue « Contre-Révolution », avions annoncé très exactement le déroulement des faits internationaux.

Peut-on chercher une preuve plus convaincante de la main-mise d'Israël sur la politique mondiale ?

Et maintenant encore il y a des gens qui n'y croient pas.

Il est vrai qu'à tout essai de divulgation la tactique juive opposait deux arguments : Premièrement : Il n'y a pas de question juive.

« Leur idéal, *écrivait Wickham Steed,* semble être le maintien de l'influence juive internationale comme un véritable empire dans les empires, *imperium in imperiis.* La dissimulation de leur véritable objet est devenue chez eux une seconde nature et ils déplorent, ils combattent avec acharnement toute tendance à poser franchement la question juive dans le monde (9). »

À la veille de la guerre, les « Grandes Démocraties » occidentales (France-Angleterre-Amérique) et la Russie vivaient sous un véritable régime de dictature juive ; mais en France, cette dictature était si occulte, elle tenait tellement la presse et le gouvernement, elle avait réussi à imposer une telle conspiration du silence, que personne ne soupçonnait à quel point elle dominait et contaminait le Pays.

Nous savions clairement où elle devait aboutir, et avons fait notre possible pour alerter l'opinion publique par des faits et des documents précis ; bien en vain d'ailleurs, car nous nous heurtions au barrage implacable des forces maîtresses du pouvoir qui étouffaient toute divulgation gênante. (Un des épisodes les plus marquants de cette lutte fut la publication des décrets Marchandeau.)

La seconde guerre mondiale s'ouvrit pour nous Français, sur un drame effroyable : vaincus, nous subissions au bénéfice de l'Allemagne une défaite nationale qui ne pouvait être que très grave. Vainqueurs nous l'étions au seul bénéfice des juifs internationaux et leur domination s'imposait désormais sans contrainte sur le monde, sous le masque de la démocratie. Les expériences du Front Populaire en Espagne et en France nous avaient donné un avant-goût de ce qui nous attendait.

Leurs porte-paroles ne se gênaient pas d'ailleurs pour nous exposer le genre de paix qu'ils nous préparaient. Émile Ludwig, le F∴ Wells, Staline, les conseillers financiers et politiques de Roosevelt (les Baruch — Frankfurter — Morgenthau — Wise, etc.), les Juifs de la Ligue des Droits de l'Homme (Victor Basch — et E. Kahn), ceux de « La Lumière » (Goldenberg — Weisskopf), le F∴ juif Lecache de la L. I. C. A. ; Léon Blum enfin, nous ont exposé les grandes lignes de la paix future qui nous était réservée. Les plus nationaux en viennent à se dire qu'une pareille victoire aurait peut-être été pire qu'une défaite.

---

9. H. W. STEED — *op. cit.*

CONCLUSION

Nous avions espéré qu'au lendemain de la débâcle on aurait compris en France ; on est bien obligé de constater aujourd'hui que cet espoir était prématuré et que, dans ce domaine, tout reste à faire.

Le problème est le suivant : nous connaissons la gravité du péril et ses modalités secrètes ; nous sommes à même de le prouver par des faits et des documents précis, frappants, irréfutables, qui n'ont d'ailleurs jamais pu être contestés, mais nous n'avons aucun moyen matériel de porter ces faits à la connaissance du public et des autorités responsables. Tous nos essais dans ce sens se sont heurtés à une indifférence ou à un parti-pris de non-recevoir presque aussi catégorique qu'autrefois.

Toutefois si les milieux officiels restent assez imperméables, le sentiment d'un péril juif commence lentement à pénétrer dans les diverses couches sociales, et pour y obvier, la propagande juive lance alors insidieusement un deuxième argument :

« Pas de divisions intestines devant l'ennemi extérieur. »

Il y a mieux : les Juifs avec leur protéisme habituel se sont immédiatement emparés des circonstances nouvelles créées par la défaite pour se poser avec leur impudence coutumière en champions du nationalisme. Comme si les Juifs faisaient partie de la communauté française, comme s'ils n'étaient pas les pires adversaires de tout ordre national et traditionnel, comme si l'antisémitisme vieux de trois mille ans, commun à toutes les races, à toutes les civilisations et à toutes les traditions spirituelles, avait été inventé par Hitler !

Sous la pression des Allemands, on a bien créé des bureaux et des commissions, mais on l'a fait à contre-cœur, leurs attributions sont restreintes et, jusqu'à présent (mars 1942), la plupart des fonctionnaires préposés à ces questions délicates ignorent à peu près tout des problèmes qu'ils ont à résoudre ; ils n'en comprennent ni l'ampleur, ni la gravité, ni la complexité ; les mieux intentionnés tentent de combattre le mal en s'attaquant uniquement aux personnes, c'est-à-dire qu'ils se placent sur le plan le plus intérieur, celui qui se prête le mieux aux petites combinaisons, qui soulève le plus de rancœurs et d'animosité. Personne n'a encore tenté de toucher aux principes profonds qui ont permis la main-mise d'Israël sur tous les rouages de la vie économique, sociale et politique.

Les mesures de répression personnelle ne mèneront à rien de durable si l'esprit judaïque demeure et inspire toujours notre vie publique.

Il ne faut pas oublier, en effet, que le péril juif n'est devenu menaçant pour l'Occident qu'au jour où celui-ci s'est laissé contaminer par l'esprit judaïque.

Comme le montre si bien Karl Marx :

« Le Juif s'est émancipé à la façon juive, non seulement en se rendant maître du marché financier, mais parce que, grâce à lui et par lui, l'argent est devenu une puissance mondiale, et l'esprit pratique juif, l'esprit pratique des peuples chrétiens. Les Juifs se sont émancipés dans la mesure où les Chrétiens sont devenus juifs (10).

Le véritable remède serait un retour dans tous les domaines à nos traditions propres, mais il ne suffit pas d'aligner des mots, cela implique une véritable révolution dans les idées, ou plus exactement une contre-révolution.

Le problème n'est pas facile, mais il n'est pas insoluble le tout est de savoir si on en comprend l'importance et si on veut le régler. Il semble qu'en France les intérêts d'Israël restent trop prédominants pour qu'on puisse envisager un règlement de la question juive qui soit autre chose au fond qu'un « habile *» camouflage.*

Le problème juif n'est pas un petit problème accessoire dont on peut repousser la solution à des temps meilleurs, il était à la source de notre décomposition et il fut l'un des facteurs prédominants de cette guerre. Le relèvement de la France ainsi que l'ordre occidental dépendent aujourd'hui de son issue.

---

10. Karl Marx — Œuvres philosophiques.

TABLE DES MATIÈRES

Préface de Léon de Poncins 7
Avant-propos 13
Les destinées d'un Empire 15
La dynastie 19
L'agonie 23
Bref tour d'horizon sur la situation intérieurs de l'Autriche
    La justice 27
    La police d'état 29
    Le socialisme 31
    Le socialisme et les juifs 32
Le problème juif 37
La conquête de l'Autriche par les juifs 41
Les médecins juifs à vienne 47
La presse juive 49
L'enjuivement de la société autrichienne 59
Exploiteurs et exploités 63
Les séductions 67
Le mouvement antisémite 73
Les plaidoyers pour les juifs 83
Les juifs seront-ils maîtres de l'Europe ? 89
Résumé et conclusions 103
La fin de l'Autriche-Hongrie 107
Conclusion 111

Lisez aussi

ÉDITION ORIGINALE
NON CENSURÉE

——◦——

— Les destinées d'un Empire —
Documents authentiques
L'administration — L'État économique et social — Le socialisme — L'Autriche juive — Le mouvement nationaliste — Les polonais et les ruthènes — La Hongrie — L'armée austro-hongroise — L'Autriche — La poussée vers l'Est — La presse autrichienne — Les capitaux français en Autriche — Résumé et conclusions.

——◦——

L'heure approche où résonnera lugubrement, au milieu de l'attention anxieuse des peuples et des gouvernements, le glas funèbre qui sonnera l'agonie de l'Empire austro-hongrois. Qui ne comprend qu'il se produira alors, au centre de notre continent, une lutte acharnée entre les Puissances qui se croiront appelées à recueillir les dépouilles de ce vieil Empire pour accroître leur propre domination ? Si, à l'heure décisive, la France, au lieu de concentrer ses forces comme il convient, tourne distraitement ses regards d'un autre côté, cette minute d'oubli pourrait lui coûter cher. Son avenir, son rôle en Europe, ses destinées en un mot, peuvent dépendre de l'attitude qu'elle prendra le jour où s'achèvera l'évolution, en cours d'accomplissement, des populations austro-hongroises. Question d'équilibre européen, question d'influence politique, question d'intérêts matériels : tout concourt pour lui démontrer l'importance qu'ont pour elle les problèmes irritants qui se débattent actuellement sur les bords du Danube.

Broché : 352 pages
Sur Amazon Prix : 26 €
ISBN-13 : 978-1708730314

RETROUVEZ TOUTES NOS
PUBLICATIONS SUR LES SITES

- VIVAEUROPA.INFO
- THE-SAVOISIEN.COM
- PDFARCHIVE.INFO
- FREEPDF.INFO
- ARYANALIBRIS.COM
- ALDEBARANVIDEO.TV
- HISTOIREEBOOK.COM
- BALDEREXLIBRIS.COM

Librairie Excommuniée Numérique CULUS (CUrieux de Lire des Usuels)

www.ingramcontent.com/pod-product-compliance
Lightning Source LLC
LaVergne TN
LVHW091600060526
838200LV00036B/924